Over Mountains
and Rivers:
A Message from the *Dao De Jing*

千山万水

《道德经》的启示

周南 著

图书在版编目(CIP)数据

千山万水：《道德经》的启示/周南著.—北京：北京大学出版社，2020.6
ISBN 978-7-301-21647-7

Ⅰ.①千… Ⅱ.①周… Ⅲ.①《道德经》—研究 Ⅳ.①B223.15

中国版本图书馆CIP数据核字(2020)第067661号

书　　名	千山万水——《道德经》的启示
	QIAN SHAN WAN SHUI —— DAODEJING DE QISHI
著作责任者	周　南　著
策划编辑	贾米娜
责任编辑	贾米娜
标准书号	ISBN 978-7-301-21647-7
出版发行	北京大学出版社
地　　址	北京市海淀区成府路205号　100871
网　　址	http://www.pup.cn
微信公众号	北京大学经管书苑（pupembook）
电子信箱	em@pup.cn
电　　话	邮购部 010-62752015　发行部 010-62750672　编辑部 010-62752926
印刷者	北京宏伟双华印刷有限公司
经销者	新华书店
	787毫米×1092毫米　16开本　20彩插　9.75印张　254千字
	2020年6月第1版　2020年6月第1次印刷
定　　价	68.00元

未经许可，不得以任何方式复制或抄袭本书之部分或全部内容。
版权所有，侵权必究
举报电话：010-62752024　电子信箱：fd@pup.pku.edu.cn
图书如有印装质量问题，请与出版部联系，电话：010-62756370

1. 从香港九龙笔架山远眺大屿山与澳门方向的"千山万水"。（2017）

2. 云南香格里拉大佛寺牌匾下的诗句："到此已穷千里目,谁知才上一层楼。"（2018）

3. 云南昆明西山龙门景区大门外的四个大字——"苍崖万丈"。(2019)

4. 与云南财经大学的聂元昆教授(右)和赵雅文同学(左)在昆明西山龙门合影。(2019)

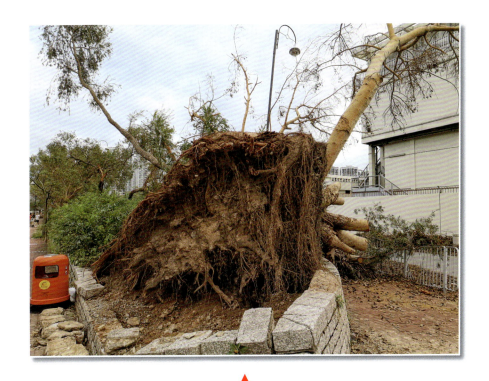

▲
5. 香港沙田消防局外被超强台风"山竹"掀翻在地的大树。(2018)

6. 香港体育学院里被超强台风"山竹"吹掉顶部的木棉树。(2018) ▶

7. 超强台风"山竹"过境,香港沙田公园里的王棕与细叶榕安然无恙。(2018)

8. 香港特首董建华(左)为长期担任公共事务及志愿工作的杨汝万教授颁发银紫荆星章。(2003)
特别感谢杨汝万提供照片。

9. 丁婉玲老师（站立者）被深圳大学管理学院提名为校长教学奖候选人。（2018）特别感谢丁婉玲提供照片。

10. 曾宪聚老师（前排右三）被深圳大学管理学院提名为校长教学奖候选人。（2018）特别感谢魏佳琦提供照片。

11. 深圳大学管理学院的学生们在课堂上用手机查阅互联网资料。（2019）特别感谢刘纯群提供照片。

12. 深圳大学管理学院营销系的教研会现场。（2019）特别感谢郑付成提供照片。

17. 与选修"品牌与人生"课程的深圳大学管理学院的学生合影。（2019）

18. 与深圳大学管理学院大一、大二年级的学生在深圳南山游学合影。（2019）

▲

19. 第二届"智回母校——营销武工队珞珈山学术论坛"参会人员合影。(2018) 特别感谢温辉提供照片。

▲

20. 营销武工队"蓉城论道学术研讨会"参会人员合影。(2018) 特别感谢朱文婷提供照片。

21. 第三届"智回母校——营销武工队珞珈山学术论坛"参会人员合影。(2019) 特别感谢温辉提供照片。

22. 营销武工队"彭城论道学术研讨会"参会人员合影。(2019) 特别感谢牟宇鹏提供照片。

23. 营销武工队山东邹城孟子故里游学合影。（2019）特别感谢王殿文提供照片。

24. 第四届"智回母校——营销武工队珞珈山学术论坛"参会人员合影。（2019）特别感谢温辉提供照片。

▲

25. 2018年JMS中国营销科学学术年会暨博士生论坛之青年教师读博心得分享会成员合影。（2018）特别感谢陈增祥提供照片。

▲

26. 与参加2018年JMS中国营销科学学术年会暨博士生论坛的中国高等院校市场营销学博士生联合会部分理事座谈后合影。（2018）

▲

27. 香港城市大学市场营销学系博士生夏令营香港笔架山合影。(2014) 特别感谢李苗提供照片。

▲

28. 2018年JMS中国营销科学学术年会暨博士生论坛的一个学术对话现场。(2018)

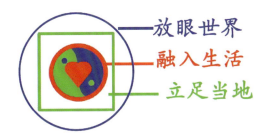

放眼世界，立足当地，融入生活

29."放眼世界，立足当地，融入生活"的学术观点图示。

30. 山东邹城孟庙"母教一人"碑旁留影。（2019）

31. 湖北黄梅四祖寺。(2019)

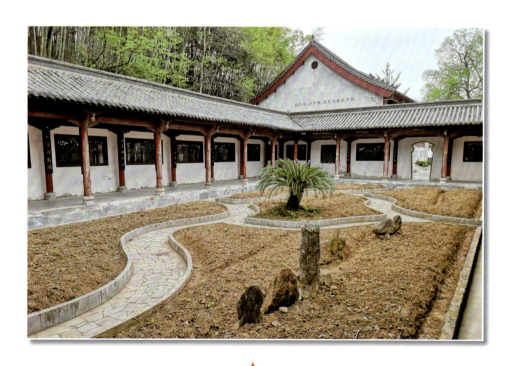

32. 湖北黄梅五祖寺南廊,据说是当年神秀与惠能写《菩提偈》的地方。(2019)

▲

33. 湖北襄阳古隆中三顾堂前的三棵古柏。（2009）

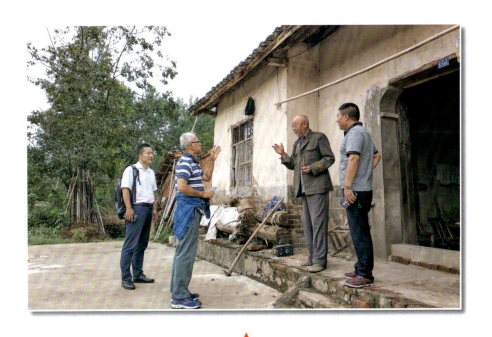

▲

34. 在湖北当阳两河镇古麦城遗址附近向当地居民问路。（2018）特别感谢罗杨提供照片。

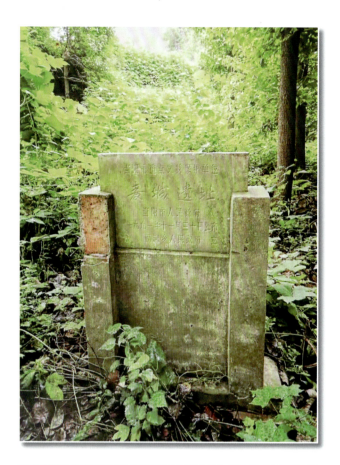

35. 湖北当阳两河镇古麦城遗址碑。(2018)

36. 湖北远安鸣凤镇罗汉峪沟关羽遇难处石碑。(2018) 特别感谢王新刚提供照片。

37. 与武汉大学经济与管理学院市场营销专业的博士生在湖北武汉黄鹤楼合影。(2015)特别感谢熊名宁提供照片。

38. 与中南财经政法大学的王新刚老师(右)以及中南大学的张琴老师(左)在湖南岳阳楼合影。(2015)特别感谢张琴提供照片。

39. 与中南财经政法大学的王新刚老师（左）在湖北蕲春蕲州镇李时珍纪念馆合影留念。（2019）特别感谢王新刚提供照片。

40. 湖北蕲春蕲州镇李时珍墓。（2019）

41. 与中南大学的张琴老师（右）以及长沙理工大学的刘洪深老师（左）在湖南湘阴界头铺镇左家段柳庄合影留念。（2019）

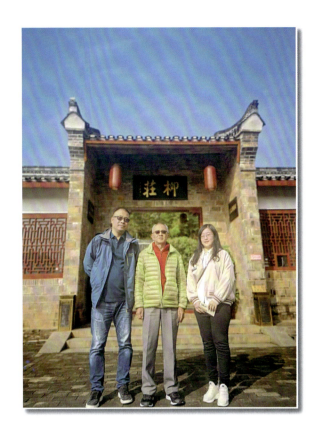

42. 湖南湘阴界头铺镇左家段柳庄朴存阁门前的对联。（2019）

▲

43. 在韩国首尔尹克荣故居"指挥"志愿者唱童谣《小白船》。（2018）特别感谢张宁提供照片。

▲

44. 韩国首尔童谣《小白船》作者尹克荣故居床头的玩具。（2018）特别感谢张宁提供照片。

45. 在韩国首尔童谣《小白船》作者尹克荣故居门前合影留念。（2018）特别感谢余利琴提供照片。

46. 香港中国银行大厦外面的"X"形拉条。（2019）

47. 与云南财经大学的崔海浪同学（右）以及唐煜同学（左）在云南昆明晋宁区郑和公园合影留念。（2019）特别感谢崔海浪提供照片。

48. 在云南昆明晋宁区郑和公园远眺。（2019）

49. 香港尖沙咀星光大道的李小龙雕像。(2019)

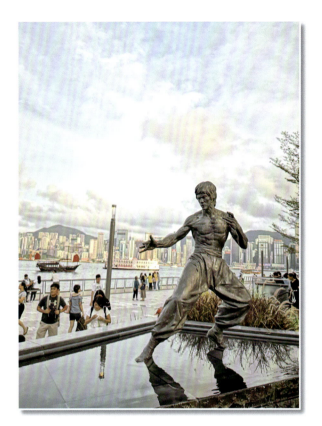

50. 香港粉岭田心村附近山上的叶问墓。(2019)

51. 2008年四川汶川地震后，医务工作者接生时用的什邡罗汉寺的禅凳。（2019）

52. 四川什邡罗汉寺的罗汉娃碑。（2019）

53. 希腊雅典雅典学院主楼外的苏格拉底大理石雕像。（2019）

54. 在希腊雅典德尔菲考古博物馆"地球的肚脐"石雕旁留影。（2019）

▲

55. 希腊雅典德尔菲的阿波罗神庙遗址。(2019)

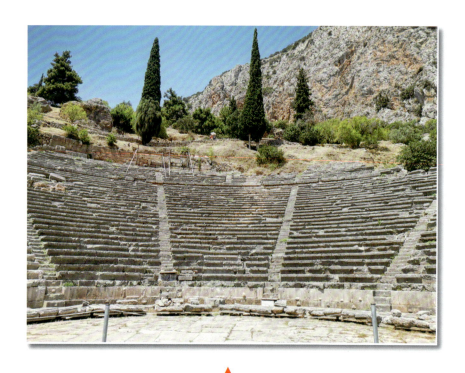

▲

56. 希腊雅典德尔菲的古剧场遗址。(2019)

57. 希腊雅典德尔菲的古竞技场遗址。(2019)

58. 希腊雅典卫城夜景。(2019)

▲

59. 希腊雅典卫城山门。(2019)

▲

60. 希腊雅典卫城帕特农神庙。(2019)

61. 希腊雅典阿提库斯剧场演出的歌剧《茶花女》。（2019）

62. 希腊雅典阿提库斯剧场歌剧《茶花女》演出结束退场。（2019）

63. 香港城市大学 EMBA 学员代表队参加"第十届玄奘之路商学院戈壁挑战赛"。（2015）特别感谢王文提供照片。

64. 香港城市大学 EMBA 学员代表队参加"第十一届玄奘之路商学院戈壁挑战赛"。（2016）特别感谢田光成提供照片。

▲

65. 与香港城市大学四位 EMBA 学员登香港笔架山。(2017) 特别感谢魏东金提供照片。

▲

66. 香港城市大学 EMBA 学员宗彬参加"第十四届玄奘之路商学院戈壁挑战赛"后,筋疲力尽,倒头睡着。(2019) 特别感谢宗彬提供照片。

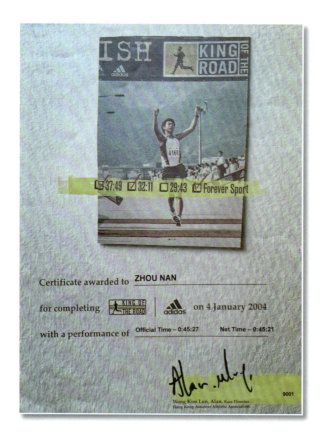

67. 参加"Adidas King of Road"万米长跑比赛证书。（2014）

68. 深圳大学管理学院"阳光跑团"年终颁奖仪式合影。（2019）特别感谢苏嘉豪提供照片。

69. 希腊雅典马拉松镇马拉松博物馆内厦门国际马拉松赛捐赠的题为"永不止步"的运动员雕像。（2019）

70. 希腊雅典马拉松镇1896年首届现代奥运会马拉松赛起点标志。（2019）

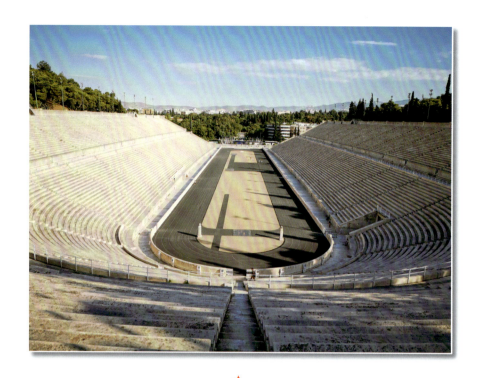

▲

71. 希腊雅典帕那辛纳克体育场全景。（2019）

▲

72. 希腊雅典帕那辛纳克体育场奥运历史博物馆内2008年北京奥运会的宣传海报和祥云火炬。（2019）

73. 希腊雅典帕那辛纳克体育场奥运历史博物馆传递奥运圣火的圣火盆。(2019)

74. 在希腊雅典帕那辛纳克体育场跑步。(2019)特别感谢王浩明提供照片。

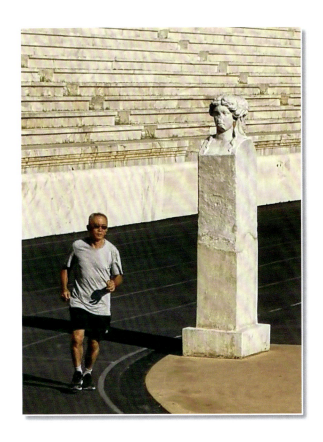

◀ 75. MBA 毕业典礼，右为校长迈伦·L. 库尔特（Myron L. Coutler）教授。（1984）

76. 深圳大学管理学院 2019 级学术型硕士生入学讲座。（2019）

77. 新华社记者何舟在第 14 届冬季奥运会新闻中心。（1984）

78. 白乐寿（Russell W. Belk）老师（下左）、张闯老师（下右）和我用微信视频通话。（2019）特别感谢张闯提供照片。

Over Mountains and Rivers: A Message from the *Dao De Jing*

About the Author

Nan Zhou was born in Gutian, Fujian province, China in 1952. He was among the generation of Chinese whose high school education was interrupted due to the start of the "Cultural Revolution" in 1966. This historical event contextualized the special titles of his educational statuses afterwards. First as an "intellectual youth" at the age of 16, he went to work as a peasant for almost six years. He then worked as an apprentice carpenter for about one year, after which he was sent off to Fuzhou University as a "worker-peasant-soldier" student. He passed the national examination for overseas graduate study organized by the Ministry of Education in 1981. Consequently, he earned an MBA from Idaho State University in 1984 and a Ph. D. in Business Administration with a major in marketing from the University of Utah in 1987. He taught at University of Utah and Acadia University in Canada until 1994, and was a professor in the Department of Marketing at City University of Hong Kong until June 2017.

He is currently a professor in the Department of Marketing at Shenzhen University in China.

In 2007, he was appointed as a Changjiang Scholar Chair Professor at Wuhan University, China. He was the first Changjiang Scholar Chair Professor in the area of Enterprise Management appointed by the Ministry of Education of China.

Brief Description

The *Dao De Jing*, *a classic of Chinese philosophy*, literally means "The Classic of the Way and Virtue." Its authorship has been attributed to Lao Zi.

The present book consists of 68 essays grouped into three sections:

1. "Read ten thousand books".
2. "Travel ten thousand miles".
3. "Understand myself".

目录

致谢		4
前言：书里，路上，心中		6
第一部分　谈求知		1
1-1	才上一层楼，前方万重天	2
1-2	一登龙门，信心百倍	4
1-3	"山竹"过后，从"树木"看"树人"	6
1-4	渐悟与顿悟	8
1-5	笔耕不辍，自然而然	10
1-6	为人师者，必先正其心	12
1-7	教书"四有"：有心，有料，有趣，有效	14
1-8	大学生上课打瞌睡，怎么办？	16
1-9	何谓"游学"：游山水，学人生？	18
1-10	对话大一同学（一）：做一个"中国的世界人"	20
1-11	对话大一同学（二）：学识与见识指导人生，胆识改变命运	22
1-12	读大一，不只是学知识？	24
1-13	"读大二，我还在寻路吗？"（一）：善于总结	26
1-14	"读大二，我还在寻路吗？"（二）：保持热情	28
1-15	"研究生们，希望你们胸怀天下，珍惜现在"	30
1-16	蓉城论道："分享与合作让我们立于不败之地"	32
1-17	没有"压箱底"的论文，就不是合格的博士生？	34
1-18	彭城论道：集体的力量推动我们前行	36
1-19	有志者，事竟成	38
1-20	因为相信，所以发奋，终见曙光	40
1-21	读博不容易，明早就毕业？（一）	42
1-22	读博不容易，明早就毕业？（二）	44
1-23	登山何尝易，读博未必难	46
1-24	放眼世界，立足当地，融入生活	48
1-25	赠人玫瑰，手有余香：市场全球化背景下如何应对文化差异？	50
第二部分　忆游历		53
2-1	母教一人，不言之教	54
2-2	楚汉鸿沟，中分天下：项羽为什么失败？	56
2-3	弘忍、神秀与惠能：授人以鱼，不如授人以渔？（一）	58
2-4	弘忍、神秀与惠能：授人以鱼，不如授人以渔？（二）	60
2-5	非"宁静"，何以"致远"？（一）	62
2-6	非"宁静"，何以"致远"？（二）	64
2-7	刘备凭什么当皇帝（一）：三顾茅庐	66

2-8	刘备凭什么当皇帝（二）：三顾堂前的三棵树	68
2-9	见死不救，英雄末路（一）	70
2-10	见死不救，英雄末路（二）	72
2-11	江南三大名楼游记	74
2-12	蕲春李时珍故乡印象	76
2-13	左宗棠故居柳庄访问记：身无半亩，国之栋梁	78
2-14	尹克荣故居的无穷树	80
2-15	贝聿铭与香港中银大厦（一）	82
2-16	贝聿铭与香港中银大厦（二）	84
2-17	昆阳郑和公园访问记	86
2-18	世人都晓神仙好，惟有功名忘不了？	88
2-19	罗汉寺与罗汉娃	90
2-20	从无知开始认识自己的苏格拉底	92
2-21	德尔菲阿波罗神庙散记	94
2-22	仰望雅典卫城	96
2-23	在雅典希罗德·阿提库斯剧场看歌剧	98
2-24	"到机场后，跟我走"	100

第三部分　思人生 …… 103

3-1	三生有幸：生计，生活，生命（一）	104
3-2	三生有幸：生计，生活，生命（二）	106
3-3	关注哲学与众生，胜过关注手机与自我（一）	108
3-4	关注哲学与众生，胜过关注手机与自我（二）	110
3-5	哲学既然无用，为什么还用？（一）	112
3-6	哲学既然无用，为什么还用？（二）	114
3-7	迈开腿，管住嘴，按时睡	116
3-8	写在深圳大学管理学院"阳光跑团"成立日	118
3-9	夏日长跑乐（一）：跑步与吃橙子没有区别	120
3-10	夏日长跑乐（二）：三伏晒背，充能补阳	122
3-11	去马拉松的故乡"朝圣"（一）	124
3-12	去马拉松的故乡"朝圣"（二）	126
3-13	插队50周年有感：谁知盘中餐，粒粒皆辛苦	128
3-14	MBA毕业35周年随想：战天斗地，顶天立地，欢天喜地	130
3-15	MBA毕业35周年纪念：溯游千里乡回的鲑鱼	132
3-16	EMBA教学思考："眼见他起高楼，眼见他宴宾客，眼见他楼塌了！"	134
3-17	写文章，做学问，出思想	136
3-18	大时代，小故事	138
3-19	师生关系之"三老"：老板，老师，老爷子	140
3-19附录	"我乐在其中！"	142

《道德经》索引 …… 144
地名索引 …… 145
学校名称索引 …… 146
人名以及其他索引 …… 147

致　谢

　　本书在写作与出版过程中得到很多人的帮助。如果没有他们的帮助，就没有这本书。**我特别感谢童泽林、彭璐珞、王新刚、张琴、周玲、周元元、刘纯群**，他们精心修改了书中大多数文章，仔细推敲了文中细节，并为每篇文字增色不少。我也特别感谢周志民、曾宪聚、张宇、战歌、冯文婷、简予繁、薛建平、张江乐、陈瑞霞、郑付成、余利琴、朱丽雅、张良波、龚倩文、吉雪佳丽、胡阿敏、汪日香、丁一、陈思艺、贾煜、张闯、李苗、吴月燕、蔡益书、丰超、路小静、滕文波、张其林、冯竞丹，他们十分用心地修改了书中部分文章。我还要特别感谢刘纯群，她细心地编排了本书索引。

　　我还要感谢与每篇随笔"消息"来源有关的人，他们是文中主角、我跨越"千山万水"的同行者或照片的提供者，我将他们的名字一一列在相关随笔文末的"特别感谢"中，他们是：聂元昆、赵雅文、黄净、张慧、蔡笃程、林道通、杨汝万、丁婉玲、陈星宇、傅浙铭、桂丹阳、韩巍、贺和平、贾芳、孔瑞、刘世雄、刘雁妮、涂荣庭、韦夏、吴小灵、杨翩翩、于文生、张蕾、周影辉、罗文恩、马卫红、陈韵琪、胡杨洋、黄健彦、黄秋霖、江国芳、李国宝、林晓珍、潘雪怡、魏华、吴雨枫、许浒、余晓文、郑佳仪、池韵佳、陈鑫、王凤玲、王辉、王伊礼、于雪、关漪嫣、郭嘉俊、黄淑敏、李红岩、李雪娇、梁江敏、梁扬、潘慕华、王鑫、温定钊、吴贺文、王殿文、王毅、姚琦、朱文婷、才凤艳、李小玲、谢志鹏、王进、王峰、王丽丽、张雪兰、陈红、丁志华、刘满芝、江红艳、张红红、牟宇鹏、肖莉、张音、冯小亮、廖俊云、郭昱琅、涂铭、潘黎、詹志方、龚宇、陈增祥、龚晗、关文晶、梁屹天、黄仲强、孙琦、孙怡夏、田鼎、陈娟、葛佳烨、李伟、舒丽芳、王欣、王正荣、杨诗源、张志坤、韦宇、赵平、哈罗德·范·赫德、翟学伟、俞广勇、张景云、董婷嫣、苏晨汀、李耀、吴宏宇、张鸿、张嫒、汪涛、袁兵、罗杨、熊小明、张辉、颜垒、熊名宁、张仁萍、蒋怡然、程谷萍、余江曼、张磊、刘洪深、延敬姬、王易舟、黄璐琦、崔海浪、唐煜、素全法师、谢庆红、付晓蓉、王文、杨继刚、白丽敏、田光成、李卫东、岳耀顾、段翔明、魏东金、林英俊、汪丹、宗彬、林松、包宇军、郑煦、郑芬、汪勇、李永强、黄鉴、张鹏飞、王江安、金晓彤、刘青叶、喻彬彬、蔡紫维、王晔、贾利军、高金萍、许冠群、闫泽斌、杨宜音、余樱、何军、李丽、李季、孙琪、焦慧芳、王浩明、周海滨、柯弘凯、卢泰宏、杨凯、张新发、刘华珍、温辉、刘军、彭泗清、吉莉、王庆涛、潘海波、侯天雨、林芳文、范雅静、谢亭亭、何舟、刘红阳、刘好强、金珞欣、许颖、何泽军、黄莉、费显政、刘映川、高华超、鲁劲松、王永贵、朱潇璇、孙泽先、张建生、牟琨、陈建、杨德锋、朱纯深、苏嘉豪。

我衷心感谢贾米娜编辑。贾编辑已是第五次为我编校著作，她的专业精神令我十分感动。北京大学出版社经济与管理图书事业部的林君秀主任及其他同事也为本书提出了不少有益的修改建议。七年间，我们颇有成效、愉快地合作过五次，北京大学出版社的编辑团队因此让我倍感亲切！

本书写作过程中参考、借鉴了大量前人著作与学术文献，许多前辈、老师、同学、同行、朋友提供了宝贵建议。我在香港城市大学、武汉大学、深圳大学的同事们也给了我莫大的鼓励。在此，我一并致以诚挚的谢忱。

最后，感谢先父周力行和先母刘冰心给予我灵感；感谢妻子林小荣和女儿周林、林安娜给了我无限的鼓励与支持。

周　南

2020 年 2 月 7 日

前言：
书里，路上，心中

我至今的人生轨迹如果用八个字来概括，可以说是"出走半生，回归故土"。我出生于福建古田，在沙县长大，23岁到福州上大学，30岁远走留美，之后一直在境外的大学任教，65岁从香港城市大学退休后加入深圳大学。几十年间，我目睹和经历了中国及世界翻天覆地的变化。我想将自己从山区走出以来经历的"千山万水"记录下来，分享给诸位读者。

年过六旬，愈觉纵世事纷扰，我心依旧平静，颇能坐得下来，趁着还有些"东西"（东方的中国+西方的美国）可写，把所见、所闻、所感、所思记录下来。不知不觉，**这几年已写了四本书，用"《道德经》的启示"收摄**，每本书既是前一本的延续，又不全是，总希望年纪愈长，视野也能愈"广"。结果，每本书的篇数随着我的年龄增加，从60、63、66到68篇，与我出书时的年龄一致。**跨越"千山万水"，我自期能成为一个"中国的世界人"**，这是我在《学问人生——〈道德经〉的启示》一书中表达的一个观点：从"身份上的中国人"成长为"精神上的中国人"，做一个立足中国、与人为善、超越民族主义思维、具有世界情怀的"中国的世界人"。

本书的68篇随笔，由三部分组成。

第一部分：谈求知

该部分计25篇，主要谈**自己求学、教学与研究中的经验、教训、观察和思考，以及与各行各业的师长、同事、学生交流的心得体会**。这几年，在学术方面与我接触最多的是深圳大学管理学院的师生，同时还有武汉大学经济与管理学院的博士生和毕业后从教者，以及JMS中国营销科学学术年会暨博士生论坛的同仁，因而与这三个群体相关的文章最多。此外，我对自己几年前提出的"Think Global, Act Local, Live Native"（放眼世界，立足当地，融入生活）的观点进行新的探讨，或许对当下的青年学生、教师和企业家们解决他们遇到的一些问题与困惑稍有裨益。

第二部分：忆游历

该部分计 24 篇。如果说第一部分的侧重点是"读万卷书",那么第二部分的侧重点则是"行万里路"。多年来,由于讲学、开会、旅游的缘故,我访问过许多地方,例如,项羽和刘邦"中分天下"的河南荥阳鸿沟,诸葛亮去世的陕西岐山五丈原,关羽遇难的湖北远安回马坡,神秀与惠能作《菩提偈》的湖北黄梅五祖寺,**108** 个"罗汉娃"出生的四川什邡罗汉寺,发布德尔菲神谕的希腊阿波罗神庙遗址。身临名胜,触景生情,感慨良多。这次收录了部分根据当时的笔记、照片或初稿修改而成的随笔,权当陪大家"到此一游"。

第三部分：思人生

该部分计 19 篇。我在香港城市大学商学院任教时,曾开过一门叫"人生境界"的 EMBA 课程,旨在**探索"人生"与"境界"**。当时学生的参与度很高,说是因为"课上的讨论触及了灵魂"。这一部分的前半部分与这门课有关,是宏观层面的人生感悟,如**思考人生路上的"三生"(生计,生活,生命)与"三要"(要钱,要活好,要命)**等,也介绍自己与同事、学生跑步锻炼的心得;后半部分主要记录个人的人生感悟,**包括《插队 50 周年有感：谁知盘中餐,粒粒皆辛苦》《MBA 毕业 35 周年随想：战天斗地,顶天立地,欢天喜地》《师生关系之"三老"：老板,老师,老爷子》**等文章。

《礼记·学记》曰："**学然后知不足,教然后知困**。"虽年近古稀,我对世界却仍满怀好奇,带着求知的渴望,快乐地上下求索。本书与我之前撰写出版的三本书一样,**传递着我学习《道德经》的粗浅体悟**。

为便于读者朋友查找和参照原文,书中均附有《道德经》索引,以及涉及的地名、学校名称、人名及其他索引。

谬误之处,敬请斧正。

周　南

2020 年 2 月 7 日

第一部分

谈求知

1-1 才上一层楼，前方万重天

写这篇小文前，上互联网查阅，才知道福建沙县有 16 座 1 000 米以上的山峰，最高的是坐落于大洛镇宝山村的锣钹顶，海拔 1 537 米。我在沙县长大，上大学前去过的最高峰是高桥镇桂岩村的天台山。站在海拔约千米的山顶一带，无论往哪个方向看，都是近处林木葱茏，远处峰峦叠嶂。当时年少，无论如何也不曾料到，后来**即使远至天涯海角，总有山与我相伴**。

山外是何处？ 23 岁那年，我去福州上大学。临毕业时，父亲得了急病，我赶回沙县。几天以后，他去世了。父母合葬在柱源村后的一座小山上（墓地是父亲生前选的），山下是柱源村与镇头村之间的小盆地，盆地中间有条小溪，溪边多水田。我小学毕业于镇头小学，学校后面是重重高山。

从老家赶来参加葬礼的大表兄包朋华，站在父母的墓前，指着对面的山峰对我说："南表弟，这座墓风水不错，正对高山，寓意'**看得高，走得远**'。我相信，舅舅的心愿是你将来越过这些山，到'外面'去。"

大表兄是姑姑的大儿子，生于 1925 年，比父亲小六岁。他们舅甥二人，从小在福建古田的小山村里一起下田干活、读书识字，十分亲密。我四岁时，我家就已从古田搬到沙县。懂事后，我只见过大表兄寥寥数次。他怎么知道父亲的心愿呢？父亲从未对我提起过啊！

我不懂风水，在场的其他亲友与父亲的同事们也不懂，我们都不明白大表兄说的"外面"到底有多"高"和多"远"，以及要越过多少座山才能到达。那是 1978 年夏天，中国还没有开始改革开放。

四年以后，我 30 岁，"高飞远走"，去了美国留学。两国之间，相隔"千山万水"。身在异国，我有时会琢磨，大表兄说的"这些山"是这"千山"的一部分吗？我抱着"**这山望着那山高**"的心态，在美国和加拿大学习、工作了 12 年。1994 年，我到香港城市大学的前身香港城市理工学院任教，心态逐渐转变为"**那山望着这山高**"。我曾在《要钱还是要命——〈道德经〉的启示》一书中回顾过这个转变过程。

香港是个"山城"，无论哪一处，最多步行几十分钟就能到山边。天气晴朗时，我经常与学生们去学校的"后山"笔架山游学（见本书彩插图片 1）。我告诉他们，眼前目力所及的山，无论是位于对面的香港岛，还是坐落在脚下和周围的新界与九龙半岛，我几乎都去过。往西边大屿山与澳门方向远眺，那一片海域中显露出座座小岛，海天之际隐隐有数重山。我常问他们："你们能看到几重山？"这些山峰，最远的在几十公里以外，即使天气再好，也总是影影绰绰，看不分明。学生们看了又看，数了又数，有些回答"五重以上"，有些回答"七八重"，回答"九重"的最让我感兴趣。原因是，"九"是"大数"，泛指"多"。我跟他们谈起大表兄在我父母墓前说过的那一番话。我对他们说："我当年都走得出去，你们年轻，将来一定会比我'走得远'。希望你们首先学会'看得远'。"

我们有时也在山上探讨怎样才能"站得高"。我们引用过王安石的诗句"**不畏浮云遮望眼，自缘身在最高层**"，体会那拨云见日、高瞻远瞩的豪迈气概。我们也结合王之涣的诗句"**欲穷千里目，更上一层楼**"展开讨论。这两句诗体现了一种振奋向上的豪情壮志。我尤其喜欢在山顶附近的最佳观景点谈论这些话题。那里，蓝天白云，视野开阔，"触景生情"，心胸也变得开阔了。我曾据此写就以下感想："对我而言，初登笔架山时，从观景点四望，有种'一览众山小'的感觉；而现在，不管往哪个角度望，都觉得自己不过是一只'井底之蛙'。""人往高处走，登山次数多了，才能'消化'眼前的'景''象'，越往上行，思考与境界自然越'高''远'。在大自然中领悟人生真谛，层次不同，风光各异，潜移默化，行胜于言。"至于学生们，一批批地来了，又一批批地离开了。二十多年过去，他们当中有一些人早已比我"看得高，走得远"。

去年，我65岁，从香港城市大学退休，幸运地加入深圳大学管理学院。身处深圳大学后海校区，"**悠然见南山**"。我曾与一群修我的课的大一学生去附近的南山公园游学。公园高处，蛇口港与整个深圳湾尽收眼底，远处可见深圳湾大桥和对岸的香港。我们互称"同学"（人生路上一同求学者），互相鼓励。将来，他们也一定会比我"看得高，走得远"。

今年夏天，我与童泽林、张宁、张琴和周玲等几个早已毕业的学生结伴去云南游学。我们的最后一站是香格里拉独克宗古城。3 300米左右的高度可能是我这个年纪能承受的最高海拔了。古城的制高点是建立于清朝康熙年间的龟山公园。站在山顶，抬头可见连绵不绝的雪山，低头可俯瞰县城全貌。公园里有座大佛寺。夕阳下，大佛寺牌匾下的两句诗清晰可见："**到此已穷千里目，谁知才上一层楼**"（见本书彩插图片2）。

"道冲，而用之或不盈。"（《道德经》第四章）人外有人，山外有山，天外有天。自1978年从福州大学毕业留校当助教，至今正好40年。《礼记·学记》曰："**学然后知不足，教然后知困。**"从福建沙县山区走出来的我，仍对世界充满好奇，带着求知的渴望，眼光"朝上朝外"，快乐地探索未知。

正所谓：学问人生，永无止境。才上一层楼，前方万重天。

2018年10月12日

1-2　一登龙门,信心百倍

上周末去昆明,参加云南财经大学商学院的学术日活动,做了一个以"品牌与人生之道"为主题的讲座,介绍我的品牌阴阳论。其间谈到我对追求卓越的一些观点,包括与学生通过游学"登山观海",引起师生们的共鸣。

游学胜读万卷书。所谓"登山观海",是登"书山",观"学海"。三十多年前,我"高飞远走",跨越"千山万水",前往美国留学,由此改变了一生。从此,我对"游"+"学"与"山"+"海"情有独钟。三年前,我曾汇集一百多位同事、学生以及我自己在"山""海"之间跋涉求索的感悟,编写成一本书——《登山观海:146名管理学研究者的求索心路》。

说者无意,听者有心。学术日结束时,邀请我来参加活动的聂元昆教授提议,在我第二天下午返回香港之前,"游西山龙门风景区,以体验登山观海之境界"。

看聂老师的名字,就知道他是地地道道的昆明人。他说,当地流传着一种"**一登龙门,身价百倍**"的说法。至于为何"一登龙门"便"身价百倍",他没有细说,我却充满期待。

昆明是云南省省会,地处云贵高原中部,海拔1 900米左右,南濒滇池,三面环山,夏无酷暑,冬无严寒,素有"春城"之美称。西山森林公园在滇池西岸,是昆明著名的风景区,其最高峰海拔2 500米左右。龙门是西山众多名胜之首,建在悬崖峭壁上。

翌日,天气晴朗,气温适中。聂老师、他的学生小赵与我三人,一早就兴致勃勃地前往龙门。

抵达景区,一眼就看到大门外的"**苍崖万丈**"四个大字(见本书彩插图片3)。"苍崖"+"万丈",正中下怀。

书山有路勤为径。进了门,我们先是奋力上了几十级很陡的石梯,然后沿着依山而建的栈道与隧道前行,有些路段是在危奇险峻的石岩上雕琢出来的,沿路不断有建筑物,据说有九层十一阁。

我们看到了许多石刻。一个石牌坊上刻着的"**妙有真境**",发人深省。无论做哪一行的学问，皆需奇思妙想，而"妙"中"真境"，不恰恰是我们"追"与"求"的吗？我们拍手叫好，驻足拍照。

拍照之后，我们决定按这个"指示"，"寻"与"找"学问之"妙"。

不久之后，我们看到了刻在大石上的"别有洞天"与"引人入胜"。**做学问，"勤"在"径"上，可以"别有洞天"。**"别有洞天"了，才"引人入胜"，才"妙"！

再往上攀登，看到许多游客在"一登龙门，身价百倍"的石刻旁拍照。这八个字或许是提醒登山者，还要继续"勤""攀"，因为拍照的背景是更高处的龙门石坊，"龙门"二字遥遥可见（见本书封面图片）。

穿过隧道，拾级而上，我们终于见到了龙门风景区的标志性建筑——龙门。入口处的石坊上刻着金色的"龙门"二字，还刻有俗称"元宝"的龙珠，紧挨着石坊的是石栏围护的半月形平台（见本书彩插图片4）。不断有游客蜂拥而入，找好位置照相，还摸元宝，希望讨个好彩头。巴掌大的平台，被挤得水泄不通。

这时，我们注意到，正对着石栏的石窟顶端刻有"达天阁"三字，阁里立着魁星。在道教信仰里，魁星被认为是主宰文运之神。原来，石窟里的造像体现的是古代科举制度"一登龙门，身价百倍"的思想。登龙门，得文运，达天庭？这就是龙门"真境"？

学海无涯苦作舟。我们意犹未尽，由月台左边的石洞穿过去，再沿台阶而上，到了天台。上迎清风，下临绝壁，举目眺望，八百里滇池美景尽收眼底。云南人将"湖"称为"海"，海天之间，烟波浩渺，沃野平畴，如诗如画。**登高望远，登高为动，要吃苦，望远为静，是精神。有吃苦精神，才能抵真境！**

再往上是回峰台。由于时间关系，我们只看了一眼，便开始下山，一路回味无穷。聂老师说："百尺竿头，更进一步，保持超越，才是卓越。"小赵说："学无止境，继续努力。"

"玄之又玄，众妙之门。"（《道德经》第一章）学问人生，奥妙、深远，登山观海，可以入门。

一登龙门，信心百倍！

2019 年 6 月 6 日

特别感谢：聂元昆，赵雅文

1-3 "山竹"过后,从"树木"看"树人"

2018年9月16日,超强台风"山竹"(Mangkhut)袭击香港,造成广泛破坏,仅倒树的报告,政府就收到45 000多起。

"山竹"过境几天后,我去住处附近城门河西岸一带,"探望"我熟悉的绿化树。这些树是我的"好友"。多年来,它们为我遮阴,我为它们拍照。可现在,它们有的树叶散落,有的枝干断裂,有的被掀翻在地。沙田消防局墙外的花坛里,那棵我一直不知是何品种的大树,被连根拔起,后来又被锯成几截清理走了(见本书彩插图片5)。见此状况,我心里难过。

木棉树与凤凰树,一刚一柔,都是我的心头好。

> 树+人
> 树根长,长得高
> 人有志,行得远

我犹记得,消防局对面,香港体育学院里那棵高大的木棉树,每年春天开花时,满树橙红,硕大的花朵,热情豪放。可是,"山竹"过后,它的顶部与旁边好几条枝干被折断,昔日的"阳刚之气"荡然无存(见本书彩插图片6)。

这一带还有不少凤凰树,原本横展着阔大的树冠。"叶如飞凰之羽,花若丹凤之冠",凤凰树被誉为世界上色彩最鲜艳的树木之一。每到春夏之交,凤凰花开之时,红花与绿叶相映,乘着微风,翩翩起舞。而如今,满眼望去,昔日摇曳生姿的它们,轻盈不在,只剩下垂头丧气。

木棉树与凤凰树遭遇不幸,皆因**树大招风**。人们为了迅速营建绿化景观,往往选择那些生长快、形体好的树种,而忽略了它们的缺点。木棉树高大,可是经受不起狂风暴雨的"打+击"。凤凰树根系浅,树冠大,**头重脚轻**,是典型的"招风树"。台风横扫时,它们不断摇晃,很快就折断了。

还有其他一些树种,也是因为"好看"而被"看好"。但它们木质疏软、枝干脆弱,当时它们被选择种植的"长处",在像"山竹"这样的特大台风来临时,恰恰成为其致命的"软肋"。看到它们现在的模样,我怎能不伤心?

伤心之余,我注意到,有两种树受损很小:一种是沙田公园里的王棕,其与往日一样高耸挺拔;另一种是河边常见的细叶榕,"个头"不高,叶子浓绿,大多安然无恙(见本书彩插图片7)。

> 高+远
> 十年树木,百年树人

眼见为虚,不见为实? 树干、枝叶是"表",树根是"里"。王棕可谓**树大根深**,树形高大,根系发达,树干近根部膨大,气生根露出泥面,单生的圆柱形树干硬挺、通透,支撑着小小的树冠,让台风几乎"无隙可乘"。王棕的抗风性，应该是大自然千万年来优胜劣汰的结果。

细叶榕可谓**根深叶茂**，根系大，除了气生根，地下根部亦常隆起，凸出地面，叶子密集，但枝干容易折断。我读到好几篇细叶榕被"山竹"吹坏的报道。城门河西岸幸免的细叶榕，应该与它们长得还不太高、树冠较小有关。

一棵树，根系发达了，才"站得稳"；有足够的"定力"了，才可以"稳中求进""稳中向好""以稳应变"。

除了树种本身的抗风能力，栽种方式也会影响树的抗风性。

"地上三丈树，地下九丈根。" 沙田消防局外的那棵被连根拔起的大树，种在花坛里，花坛内的土壤很浅，树根不多，也不粗壮，大树多年被困在狭小的花坛里，树根无法向下生长，根基不稳，遇到强风，只好"投降"倒下。有些花坛，被树根挤至变形，向外凸起。有些树根，设法长到花坛外的地面之下，导致地面凹凸不平。树木栽种在过浅、过小的花坛中，很难扎根，不可能有顽强的抗风能力。

大难不死，必有后福？ 那些受"损"较轻的树，只是"伤及皮毛"，"元气"尚在，很快就能恢复。香港气温高，"山竹"过后，两个星期左右，许多树就已经长出了嫩绿的新叶。那些受"损"稍重的树，只要再无强风，状况应不会恶化，假以时日，即使无法完全恢复，也会继续生长。至于那些被吹得"东倒西歪"的树，加设缆索，固定树身以后，相信也可以活下去。对于那些枝叶太茂盛的树，如果台风前及时修剪，令其"疏风"，损伤应该会小很多。但是，只有为数不多的树可享有这样的优待，比如那些被香港特区政府登记在册的古树。

熟悉我的读者想必已经猜到，这篇小文章的重点不是谈树。因为我不是树木专家，这方面的知识有限。我是想借此机会，谈几点对培养研究生的看法。

树无根不长，人无志不立。 想读硕士或博士的学生，要有长远的眼光，愿意下苦功，直面"风吹雨打"，通过"推敲""捶打""洗礼"，经受住风雨与时间的考验，才能"站得稳"；有了足够的"定力"，才能"稳中求进，稳中向好，以稳应变"。你的努力，也许一时看不到成果，但不要灰心丧气。你想成长，必须下决心"深根"，才可能"茂叶"。茁壮了，迎风舞叶，才见气魄。风口浪尖最考验人。**不能急功近利，好大喜功，只顾眼前。** 如果只是因为"好看"而被"唱好"，头重脚轻，华而不实，赞扬声中忘乎所以，一定会**"树大招风"**，甚至轰然倒下，最后被"锯断""清算"，再不见天日。

每个学生都是可造之才，但不等于每个学生都适合读研究生，也不等于每个研究生都在所有领域具有相同的潜力。首先，教师要善于发现那些合适的"苗子"，并**因材施教**。其次，学生与教师互相选择，只有志同道合，才能发挥各自的才智，实现共赢。最后，**教师要尽心尽力**，为学生的成长创造条件。**学生好了，导师才好。**

"祸兮福之所倚，福兮祸之所伏。"（《道德经》第五十八章）风雨是自然常态，台风"山竹"虽然造成很多破坏，却创造了一个契机，让我去思考学生培养的问题。被"山竹"吹倒的不乏数十年的"老树"，所以教师自己必须立得住，才有可能带好学生。**"十年树木，百年树人"**，不必一定长成一棵参天大树，但必须成为一棵"立得住"的树。

2018 年 10 月 21 日

特别感谢：黄净，张慧，蔡笃程，林道通

1-4 渐悟与顿悟

约十年前，我开始思考"渐悟"与"顿悟"的问题。六祖惠能言下顿悟之慧，恐非常人能及，大多数人通过渐悟提高自己。路途虽殊，归处无异。人的一生中，有顿悟的惊喜，更有渐悟的稳健。我们不妨一起来看几个古今中外的例子。

庖丁解牛

《庄子·养生主》中庖丁解牛的故事广为人知，文曰："手之所触，肩之所倚，足之所履，膝之所踦，砉然向然，奏刀騞然，莫不中音。合于《桑林》之舞，乃中《经首》之会。"（庖丁宰牛，手接触的地方，肩靠着的地方，脚踩着的地方，膝抵住的地方，皮骨相离声，进刀刷刷声，无不像美妙的音律，符合商汤时《桑林》舞乐的节拍，又贴合尧时《经首》乐曲的节奏。）

这游刃有余的神技是如何练就的呢？庖丁解释道："**我喜好探索，追求比一般技巧高一层的事物规律。**我分解牛体，起初眼里看到的是完整的牛；三年以后再未见过完整的牛；现在我只用心神去接触而不必用眼睛去观察，眼睛似乎停住了但思维在不停地运转。我按照牛的生理结构，砍入筋骨之间的缝隙，顺着空处进刀、分解。"

在庖丁身上，我们更多地看到其渐修渐悟的痕迹。

铁杵成针

相信很多人都觉得，李白写诗的灵感来自酒醉后的"顿悟"，而我觉得，他更得益于"渐悟"。

据说李白小时候很贪玩，读书不上心。一天，他看到一个老婆婆在石头上磨一根大铁棒，觉得好奇，便问她在做什么。老婆婆告诉他："我在磨绣花针。**只要功夫深，铁杵磨成针。**"李白当下有悟，自此发奋学习。**常年的学识积累，成为其天赋性情最坚实的扶翼，顽童终成"诗仙"。**

于李白而言，一次次顿悟可能是一个个重要转折，而渐悟则是其成就的保障。

诺奖之路

华人物理学家杨振宁在西南联大时，最初就读于化学系，很快，他根据自己的兴趣转到了物理系。1942年，他在吴大猷先生指导下完成本科毕业论文；1944年，在王竹溪先生指导下完成硕士毕业论文；1945年，被公派赴美留学；1948年，获得芝加哥大学博士学位；1957年，与李政道一起提出宇称不守恒理论，二人共同获得当年的诺贝尔物理学奖。

杨振宁说，他对该领域的兴趣，源于西南联大时期在两位先生指导下写的毕业论文："这两篇论文对我后来的兴趣方面有决定性的影响。吴先生指导的论文引导我对于对称性原理的兴趣以及从群论到对称性原理上所得到的物理学跟数学的结论，这个对我的影响非常之大。王先生的指导虽然使我对相变（理论）发生了浓厚的兴趣，但好久没有什么成果可以报告。1951 年夏天，我才做出了我离开中国后所写的第一篇这方面的文章。……一个人喜欢考虑什么问题，喜欢用什么方法来考虑问题，这都是通过训练得出的思想方法，这一点我想与早期训练确实有很密切的关系。"（〔美〕杨振宁著，张奠宙编选，《杨振宁文集：传记　演讲　随笔（上）》，上海：华东师范大学出版社，1998 年，第 406 页）

高楼万丈平地起。作为 20 世纪最伟大的物理学家之一，杨振宁先生的成功不仅包括石破天惊的顿悟，也包括水到渠成的渐悟。

数学怪杰

冈洁是日本著名数学家，被称为日本的阿基米德，因对数学的杰出贡献而获得学士院赏、文化勋章等荣誉。

他曾在著作《春夜十话：数学与情绪》（〔日〕冈洁著，林明月译，北京：人民邮电出版社，2019 年）中分享过几次"突破"的经历：

[1929 年] 我经历了两次发现。当时我住在巴黎郊外塞纳河畔风景宜人的森林高地。一日，我一边思考问题一边在林中散步，最后竟不知不觉穿越森林走进一片旷阔之地。当我俯瞰脚下的风景时，心中的想法竟十分自然地朝着一个方向凝聚，这才有了我的那一次发现。另一次发现发生在从莱蒙湖畔的托农（Thonon）乘船去对岸的日内瓦一日游的途中。我上船没多久，研究中的问题便立刻迎刃而解。仿若在你醉心自然风光之时，大脑的意识出现了间隙，在脑中一直静待成熟的想法伺机从间隙处探出了脑袋。之后，再将当时间隙中冒出的那些想法整理成文，自然而然地便能完成解决研究课题的论文。（第 25—26 页）

1935 年 3 月，冈洁开始研究多变量解析函数的难题，"但总是毫无进展，始终停留在未解的阶段……日复一日，日日一无所成……实在很沮丧。三个月后，我已尝试了所有能想到的方法，却依然束手无策。我强迫自己继续研究，但每次都只能勉强撑住十来分钟，之后便昏昏欲睡"（〔日〕冈洁著，《春夜十语：数学与情绪》，第 22 页）。到了 9 月，有一天，"我坐在客厅里发呆。突然思绪趋向一个方向，研究的内容变得清晰可见。两个半小时后，处理问题的方法已了然于胸。虽说花了两个半小时，但其实解决方法的浮现不过须臾之间……最初完全摸不清方向的探索状态，以及之后昏昏欲睡的停滞状态，都是发现历程中十分重要的过程。就像种子被撒进泥土后，需静待一段时间才会发芽；亦如结晶作用的发生，也需物体被置于一定条件下一段时间。万事俱备，仍需静待东风。所以，即便感到研究一筹莫展，也不可轻言放弃，必须耐心等待潜意识里的种子慢慢成熟发芽"（〔日〕冈洁著，《春夜十话：数学与情绪》，第 23—24 页）。

观其经历，可谓"山重水复疑无路，柳暗花明又一村"，似乎有《管子·心术下》中的"**思之思之，又重思之。思之而不通，鬼神将通之**"的神妙。细细体味，可以发现，**所谓顿悟，不过是渐悟之量变引起质变**。

年轻学子们，"**合抱之木，生于毫末**"（《道德经》第六十四章），你们人生和事业的宏图正慢慢铺展，途中将经历不同程度的渐悟或顿悟，愿大家时常播撒良种，终获累累硕果。

2019 年 11 月 2 日

1-5 笔耕不辍,自然而然

杨汝万教授与我住同一幢楼,见人总是笑眯眯的。不久前,我在电梯里遇到他。他告诉我:"下个月我的第五十六本书即将出版,可能是最后一本了。"我回应说:"是不是最后一本,应该无人知道!"后来又遇到杨老师几次,我不止一次地问:"你出了这么多书,是怎么做到的?"他总是谦虚地说:"可能是因为我做事**动作比较快**。"再问,他说:"写书是件**自然而然**的事。"

出版五十六本书应该是我认识的学者中的最高纪录之一。很快,他之前提到的那本书出版了(杨汝万著,《从走向世界到回归》,香港:三联书店(香港)有限公司,2018年)。那是他自传的中文版,仅书名就揭示了他写这么多书的一些秘密。

走向世界,阅历丰富,"世事洞明皆学问"。杨老师是土生土长的第三代香港人。1938年出生于一个虔诚的穆斯林家庭,父亲是爱国知识分子,年轻时只身远赴内地参加抗日。杨老师从小就参与伊斯兰教团体举办的爱国活动,这影响了他日后的人生取向。

杨老师从香港大学毕业后,前往加拿大和美国留学,获得博士学位后**工作经历具有浓厚的国际色彩**。他视野宽,人脉广,起先在新加坡大学任教,之后在加拿大国际发展研究中心负责第三世界城市政策研究计划,组织过不少国际性学术会议。此外,他还与亚太地区许多知名大学有合作研究项目,并担任世界银行、亚洲开发银行等国际机构的顾问。作为国际知名的地理学家和城市学家,由于工作、旅游等机缘,杨老师去过八十多个国家和地区。

回归香港,乐于奉献,"人情练达即文章"。1984年,杨老师迁返香港,担任香港中文大学地理系讲座教授,后来曾兼任香港亚太研究所所长、大学教务长与逸夫书院院长。书院是该校的一个特色,与提供专才教育的学院相辅相成,每个书院各有宿舍、餐厅、运动场及其他设施。所有全日制本科生都可选择加入一所书院,与不同专业背景的学生混合住宿,以及参加形式众多的人文与通识教育活动。许多毕业生说,书院生活是他们大学期间最难忘的回忆。杨老师任期内(1994—2004),由于逸夫书院需筹集配套经费盖新宿舍,校长提出将校园另一边的一栋楼作为书院的新宿舍。但杨老师认为,如果这样做,短期的好处是无须筹款,但长远来看,会造成书院的分裂感与结构性缺陷,不利于团结与发展,因此没有接受。这件事后来被传为美谈,体现了杨老师的远见与坚持。

虽然杨老师身兼繁重的教学与行政工作，但仍然积极参与公共事务，担任过香港特别行政区基本法咨询委员会委员、香港土地及建设咨询委员会主席等重要公职。他担任香港特别行政区政府中央政策组泛珠江三角洲委员会主席期间，对珠江三角洲土地如何互相配合利用出过许多良策。他也长期与内地的大学合作，为将中国地理学研究推向国际舞台做出了贡献。2003 年，**杨老师获香港特别行政区政府颁发的银紫荆星章**（见本书彩插图片 8），是香港华人穆斯林的骄傲。

2002 年年初，杨老师获邀担任邵逸夫奖筹备委员会主席。邵逸夫的夫人方逸华女士代表邵逸夫做重要决定，其他关键人物包括香港中文大学前校长马临教授（倡议人）及诺贝尔物理学奖得主杨振宁教授（学术委员会主席）等。杨老师是各关键人物的中间人，组织了数次富有成果的会议，虽然将初拟的颁奖范畴筛选到只剩三个，但每个人在一些重要方面的看法却还是南辕北辙。之后，杨老师数次与方逸华长时间讨论，又打电话到纽约找杨振宁详谈，最后落实定案。杨老师说："邵逸夫奖被视为亚洲诺贝尔奖，有了一个成功的开始，而我在此事上扮演了一个重要的角色，有莫大的满足感。"

相信各位读者看到这里，会认同杨老师是一位有很多故事和成就可写的知识分子。那么，他说自己做事动作快的原因是什么呢？我想跟他长期运动、身体灵活、反应迅速有关。

我在他的自传里找到了这方面的线索："在我的人生和事业中，运动十分重要，这既是文娱活动，也维系了健康和心智。我大部分时间忙于案头工作，包括研究、阅读和写作，运动是一项十分重要的调剂。运动另一个好处是交友，不论选择什么活动，运动场都有助于建立和巩固友谊。"（杨汝万著，《从走向世界到回归》，第 268 页）

自早年求学开始，杨老师就喜欢打乒乓球，获得过不少奖项。1984 年从海外回香港工作后，他的兴趣转为网球，且延续至今。出任逸夫书院院长期间，为了鼓励大家锻炼，杨老师调拨资源，兴建了两个网球场。杨老师说："多年来，网球一直是我们周日活动的首选。除非身在外地，或受天气影响，否则我们必定会在网球场上出现。""我获得不少逸夫书院教职员联谊会杯网球赛的奖项，部分奖项更是我在完全退休后获得的！"（杨汝万著，《从走向世界到回归》，第 269 页）

至于他说写书是件自然而然的事，也跟他乐于分享有关。举个例子，经常旅行的杨老师，拍了许多珍贵的人文与自然景观照片。2008 年退休时，他将一万多张照片捐给了香港中文大学地理系。这些照片已被制成幻灯片，将与后人长期分享。其中一部分为多年前拍摄的彩色照片，尤其珍贵。

老子有个观点："既以为人，己愈有；既以与人，己愈多。"（《道德经》第八十一章）**杨老师笔耕不辍，是他有心、用心、倾心的一种体现。**我昨天又遇见他，他依然是笑眯眯的。

2018 年 12 月 15 日

特别感谢：杨汝万

1-6　为人师者，必先正其心

最近，深圳大学管理学院提名两位深受学生欢迎的青年教师丁婉玲、曾宪聚为今年的校长教学奖候选人（见本书彩插图片9、10）。

他们为什么会被提名呢？上一周，院里组织教学沙龙，请丁婉玲老师与曾宪聚老师分享心得。这里，我挂一漏万，整理出一部分。

丁婉玲老师：家庭、中学和大学的影响

丁老师说："回顾我在工作中坚守的原则和我的理想追求，家庭、中学和大学中的三位老师对我的影响非常大。"

第一位是丁老师的外婆。外婆原来是一名小学老师，现在已经90岁高龄，从教一生，桃李满天下。她的一个学生，在美国获得了博士学位，每次回国都会专程去看望她。该学生说，丁老师的外婆带他起步，给了他很大的鼓励与帮助，才使他有了今天。她为这个学生感到骄傲和自豪。"从小到大，受外婆的影响，我对读博士和当老师充满着向往。"

第二位是南开中学的创始人张伯苓先生。**张伯苓先生的教育理念是，一个人的培养必须是完整的、立体的**，不能仅仅为了考试。"大多数中学的学生都为了高考而紧张地度过三年，但是我在重庆南开中学度过的时光特别快乐。我们高一、高二时还在搞健美操比赛、篮球比赛，到了高三那一年才取消了所有的活动。"丁老师说："中学时我是住校的，宿舍是一个年代久远的四合院。那时经常会有白发苍苍的老人回来，说这是他当年住过的宿舍，感谢南开给予的教育。"

第三位是浙江大学的吴晓波教授。"因为我是'直博'，大四就进入吴老师的学术团队，跟在他身边学习长达五六年的时间。我的价值观和理想追求都深受他的影响。**吴晓波老师有很强的爱国主义情怀**，总提到中国企业、中国管理学、中国学者。他常说的一句话是'**不要为生活所屈服，不要为生存放弃理想**'。我一直记着这句话，在我面临困难时它总会给予我力量。"

丁老师说："我非常感谢出现在我生命中的这三位老师。从小丁同学变成小丁老师，课堂教学的挑战很大。我不是最聪明的，但我一直要求自己最努力、最认真，还

提醒学生们将来为祖国做贡献。"

曾宪聚老师：为人师者的朴素诚意

"老师"这两个字对于曾老师来说既是一种"职业"，也是一辈子的"事业"，更是一生的"志业"。曾老师刚从教的时候，算过一笔"教学账"：按 30 年的教学生涯，每年 300 名学生算，这辈子大致可以教 9 000 名学生；影响其中的 10%，那就有 900 人；即使影响 1%，也有 90 人；这中间如有 9 人能够躬身践行，就算不枉此生。

曾老师说："我不知道自己在课堂上的哪一句话、哪一个瞬间，能够对哪一个同学产生何种程度的影响。所以**我怀着对'师道'的敬畏之心，但问耕耘，勤种善因**。希望通过自己的不懈努力，**能够对学生产生正面的、积极的影响**。"

大部分大学老师都已为人父母。"**师者父母心**。"曾老师常问自己这样一个简单而又朴素的问题：你希望自己的孩子在求学的道路上遇到什么样的老师？其中，"遇到我这样的老师"不妨作为一个备选。我们对这一问题的回答信心越足，可能就越趋近于一位"好老师"。古语有云："**师者，所以传道授业解惑也**。"曾老师认为，**对于学生，在情感上"莫道是他人儿女，当看作自家子弟"；在专业上，具体的教学过程中则要"宽严相济"**。

学生们说，曾老师无论是课上还是课下，没有对任何一个同学板着脸说话，待学生真诚、平等、温和；但是在学业上，无论是平时作业，还是期末考试，各方面要求都很"**严**"。曾老师是一位负责任的老师。其实回过头来看，这样的"**严**"才能更好**地帮助他们打下坚实的专业基础，为他们面对人生道路上的荆棘备好利剑**。

曾老师非常喜欢童话作家于尔克·舒比格的著作《当世界年纪还小的时候》中的一首小诗：

　　洋葱、萝卜和西红柿，不相信世界上有南瓜这种东西。

　　它们认为那是一种空想。

　　南瓜不说话，只是默默地成长。

曾老师说他希望成为一位"南瓜式"的老师，也愿意把自己的课堂称为"**南瓜课堂**"。看到学生们成长为让人心生暖意、静气过人、顺逆一视、勇往直前而又生机勃勃的"小南瓜"，他打心底里感到高兴。

"**夫物芸芸，各复归其根**"（《道德经》第十六章），两位受学生推崇的老师被提名为校长教学奖候选人，"根"都在他们对师道的理解，**也来自榜样的力量**。《礼记·学记》说："**善教者使人继其志**。"继承"志"（志向），成就"业"（事业）。

2018 年 12 月 3 日

特别感谢：丁婉玲，曾宪聚，刘纯群

1-7 教书"四有"：
有心，有料，有趣，有效

老子有句名言："千里之行，始于足下。"（《道德经》第六十四章）将之置于"教书育人"的情境来理解，"足下"是"教书"，"千里"是"育人"。

教书育人，从教学开始。**教学像做品牌，从有心开始，有料为底，有趣增色，有效才好。**"有心，有料，有趣"是教学投入，体现"传道""授业"与"解惑"；"有效"是教学产出，结果是"得道"。我们可以画一个圆环，环里是教师，是"教"；圆环是学生，是"学"；"有心"是圆心，投入与互动有阴阳两面，"有料"为阴为实，"有趣"为阳为虚；圆环也是效果，教学效果越好，教师的教学品牌光环越大，直至"千里"。

下面，我结合自己的做法和粗浅体会，抛砖引玉，举例解释如何落实"有心，有料，有趣"，实现"有效"。

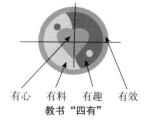

有心 有料 有趣 有效
教书"四有"

有心。一定要把学生"放在心里"，表现之一是**比学生早到教室**，而不是掐着表，在上课铃响前赶到教室。早到教室，益处颇多，比如：可以提前检查上课所用的电脑及电子设备，若发现问题可以在上课铃响前解决；调试演示文稿（PPT），以免因教室电脑软件版本问题出现乱码而影响演示效果；有的老师习惯多带一个PDF（便捷式文档格式）版本，提前到教室也便于检查电脑是否能用PDF。这些看来都是小事，但要认真对待起来，就得"当一回事"。无论班级学生人数多少，无论交通情况恶劣与否，教师都应早到，以保证课程按时、按质进行，这样才对得起学生。**对得起学生就是对得起自己。自己备课、改作业、改试卷。**备课不能等到"最后一分钟"，改作业与改试卷不能假手于助教；否则，教师将无法掌握班级所有学生的情况，也无法全面了解自己教学中需要改善的地方。当然，时间总是不够用，有些作业与考试题可以设计成选择题的形式，用答题卡回答，避免不必要的枯燥工作。

有料。"凡事预则立，不预则废。"（《礼记·中庸》）课堂教学要想有水平，**备课**是前提，此外别无捷径。不能拿着课本"照本宣科"，也不能全搬其他老师的教案，更不能照抄自己以前的教案。**任何时候教课，即使是教过的课，也应视作新课，要"严阵以待""对症下药"**，也应该有新思维、新难度，既挑战自己，也挑战学生。学科、市场与社会都在不断演变，学生的能力也因人而异，因此要**因人施教**。即使一门课程几个班同一天上，各个班因为"性格"不同也必须"**因班施教**"。刚开始时，可以选用有教学指导手册或附有辅助材料的教材，加进一些自己的"料"，这样不吃力。有经验了，加更多自己的"料"，直至发展出独特的教学框架和教材。还有，要与时俱进，比如让学生用手机现场查找来自互联网的资料，看谁最先"有料"（见本书彩插图片11）。

有趣。人人都希望能"好玩"，在好心情中学习叫"Edutainment"（**寓教于乐**）。老师"有趣"，可以更容易地调动学生的学习"兴趣"。"趣"字由"走"字和"取"字组成，用在教学上，可以解释为"在教室里走来走去，调动学生的积极性"。"有趣"的方式有很多，但不是花哨而无内涵的取悦，也不是完全没有难度或没有挑战的炫技。"有趣"跟幽默有关。常说"自娱娱人"——**先逗乐自己**（幽自己一默）**才能逗乐别人**（幽别人一默）。**幽默是可以"培养"的**。热爱生活，心情好，会"看到""储藏"与"编织"很多有意思的"故事"，幽默感便渐渐增强。**自己放松了，才更能"妙趣横生"**，也更能即兴发挥。当然，即兴教学的功夫，必须以学识功底和认真备课作为基础。

有效。何为有效？是教课表现"精彩"（"精"为"材料"好，"彩"为"呈现"好），学生对"教"的评分高，还是学生"学"的分数高？都不尽然，重要的是，**学生真正"掌握"知识（把知识"握"在"掌""心"）了吗**？为什么有用人单位抱怨，有些大学生，成绩优秀，但动手能力差，责任心不强，工作起来不尽如人意？如何避免学生高分低能或者无法知行合一？有效的教学还需要鼓励学生积极参加企业实习，锻炼学生解决实际问题的能力。教师培养学生也不应仅仅把教学重点放在短期效果上，比如学生考出好成绩、找到好工作、去更高的学府深造。**这些只是"树木"（"教书"），更重要的是注重长期"树人"（"育人"），比如培养学生以诚为本、关心集体、乐于助人等**。

我1987年获得博士学位以后，在境外大学任教30年，积累了一些经验，也形成了自己的风格，但我仍然时刻告诫自己，无论何时都不可高估自己。每堂课下来，我都对自己说，还有许多不足之处。2017年，我到深圳大学任教，虽然回到故土，文化熟悉，倍感亲切，但校园环境陌生，对学生的喜好不够了解。学生们告诉我，营销系的老师个个都是好老师，在教学和研究两方面都有口皆碑（见本书彩插图片12）。我要努力向他们学习。

"天地之间，其犹橐龠乎？虚而不屈，动而愈出。"（《道德经》第五章）若视教学世界为一方天地，课堂不正像个神奇的风箱吗？看上去空虚却充满灵气，越花心思（心力+思想），能量越多。"有心，有料，有趣"与"有效"阴阳转化，循环往复，生生不息。

2019年1月4日

说明：本文根据2018年秋天我与深圳大学管理学院几位青年教师交流教学看法时的记录稿整理而成。

特别感谢：陈星宇，傅浙铭，桂丹阳，韩巍，贺和平，贾芳，孔瑞，刘世雄，刘雁妮，涂荣庭，韦夏，吴小灵，杨翮翮，于文生，张蕾，张宁，周影辉，周志民

1-8 大学生上课打瞌睡，怎么办？

大学生上课打瞌睡，令老师们感到"头痛"。但是，这要怪谁？如何应对？

2018年10月19日，在深圳大学管理学院举办的教学沙龙上，我与参加沙龙的老师们将学生上课打瞌睡归结为**三个方面的原因**：第一，**学生疲劳**。出于长时间连续学习、睡眠不足等原因，学生的大脑兴奋度与体力下降，导致上课打不起精神。第二，**教师乏味**。教师讲课的内容或形式缺少吸引力，学生不想听。第三，**教室太闷**。教室空气不流通或太热，使人犯困。最糟糕的情况是"三面出击"，课堂秩序全面失控。

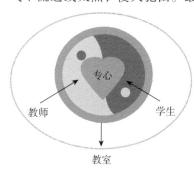

从专心到分心到瞌睡。我从未见过一到课室就打瞌睡的学生。开始上课时，学生们应该都是注意力集中的。听着听着，有些学生就不想听了。是内容不"重"不"要"，还是讲课形式不"生"不"动"，抑或是内容没有意义，形式也没有意思？学生感到"枯""燥"，觉得"无聊"（"不想听你聊"），可是又不能离开教室，于是开始走神，"思"和"想"都"开小差"，心不在焉，有些开始信手"涂鸦"，慢慢地，神思"恍惚"（精神不集中），视线"朦胧"（前方人与物变得模糊），"累从眼入"，哈欠不断，昏昏沉沉。越困越倦，不知不觉间，"瞌睡虫上身"，开始打瞌睡。

为师的，如何是好？我学过一个推动消费者购买的AIDA模式，包括四个方面：A：Attention，吸引注意；I：Interest，产生兴趣；D：Desire，带来偏好；A：Action，采取行动。结合我们的讨论，应该**在第一时间，抓住学生的注意力；紧接着，以学生们"喜闻"的内容与"乐见"的形式，一环扣一环，保持下去**。

好的开场白，至关重要。本学期营销系迎新晚会上，刘雁妮老师向学生们介绍说，她在"社会化媒体营销"课程的开场白中提了一个问题："你们知道中国互联网品牌中，有哪一个被外国企业'山寨'了吗？"每个同学都想知道答案。她告诉大家："豆瓣！"接着便做了解释。刘老师的问题、答案和解释，都同这个时代的年轻人紧密"关联"，**因此立即引起"反响"**。人人全神贯注，全场鸦雀无声。这样的"开场白"使人兴奋，大家都乐意听下去。

张蕾老师是深圳大学腾讯教学奖获得者。我向她请教过应对学生上课打瞌睡的做法。她说，每堂课开场以后，她都会安排几个话题点，这些话题既贴近课程内容，又贴近学生生活。例如，爱豆、球队、手游等都蕴含着有趣且巧妙的营销设计。她会结合学生们的精神状态，适时地抛出和展开话题，并要求学生们与身边的同学讨论，几分钟后请大家自愿表达观点。这种小讨论可以让学生们从刻板的听课模式中抽离出来——话题接地气，氛围很轻松——也能让困倦的学生借机醒醒神。

我向参加教学沙龙的老师们介绍了我的一些做法。我经常上课之后不久就"宣布":"人人平等,我很快就会提问,你们都有机会回答,不要急。"怎么做到"平等"与"不要急"呢?我一边讲课,一边走来走去,包括走到最后一排,随机提问。有时,在请一个学生回答问题以前,我会加一句:"下一个请准备!"到底谁是下一个?无论学生们坐在哪里,都要集中注意力才行。

好学生是夸出来的。我有时会说:"敢回答我提问的同学,都是'不怕死'的。不怕死的,请举手!""**重赏之下,必有勇夫**。"总有一些学生的回答令人刮目相看。这时,我带头鼓掌,学生们一定也一起鼓掌。有时我还与做出精彩回答的学生握手、合影。这样做,**不仅赞扬"成就",也鼓励"努力"**。鼓励与表扬多了,气氛慢慢"热"了起来,学生们会越来越乐于参与,怎么会打瞌睡?

我有时会出自己的"洋相"。我说:"我一直走,太'累了',而你们都坐着,这'不公平'。"于是,我出其不意地坐到讲台或课桌上讲课,并邀请大家拍照。这些"无伤大雅"的"亲民"玩笑,能使学生们"困不了"。我相信,坐着听几个小时的课比站着讲课更累。因此,当我看到学生们的注意力全都有所下降时,会要求大家站起来,伸伸手,扭扭腰,转转脖子,"放松一下"。因为"好玩",大家脸上都露出了笑容,注意力也马上回来了。"**音声相和**"(《道德经》第二章),有时我也会唱首歌,并邀请大家一起唱。**老师快乐,学生受感染,师生"同乐"。老师要有共情心(Empathy)**。看到有些学生困到确实撑不住,我会说"你小睡一下吧",甚至要他们回去休息:"少听一些没关系,健康要紧!"

一定要记住,不是"广告好,药就好",而是"**药材好,药才好**"(一句广告语)。我在香港城市大学工作时,有一年,给来自西班牙 ESADE 商学院一帮二十多岁的硕士生讲中国人的阴阳思维与关系模式——一种"关系阴阳论"。受时差的影响,上课前有些学生看上去昏昏欲睡,但我讲课时,却没有人打瞌睡。超过一半的学生来自我从未去过的地方,欧洲、非洲或中东的都有。吃午饭时,我问他们:"有没有听懂我讲的内容?"他们无一例外地回答说:"没有!"但是又都说:"很喜欢!""来香港就是想学些'新奇'的东西!"第二年,同一位老师带了另一拨学生来,指名要听我讲一样的课。他说,原因是上一年的学生反映很好,觉得我讲的"**内容具有挑战性**"。

参加沙龙前,我问上个学期修过我课的大一学生:"上课时,你们用什么办法避免自己打瞌睡?"以下是几个回答:"如果坐在后面,离老师远,会不自觉地走神,所以逼自己坐在第一排,这样会好很多。""溜号一两分钟,玩手机提一下神。""掐自己或者和同桌互掐。""喝一口水。""回答老师的问题。"我又问:"老师可以用什么办法防止学生打瞌睡?"以下是几个回答:"多些互动。""敲黑板,大家会'惊醒'。""从精神不佳的学生旁边经过,提醒一下,学生一般都还是会给老师面子的。"老师们,有没有想到学生会给最后这个答案?

最后,我们讨论到,**学生是"花朵",老师是"园丁"**。既然是园丁,就要有"花样"(种花的样子)。"花"是内容,"样"是形式。由表及里,**形式为内容服务(有意思),内容为内涵服务(有意义)**。教学的过程是老师与学生同乐、共享、共进步的过程。能做到这一点的老师,是有内涵的,在他们的课上,学生一定不会打瞌睡。

参加沙龙的老师们还提到其他一些很好的"办法",篇幅有限,这里只能算是一个以偏概全的小"汇总"。

2018 年 11 月 5 日

特别感谢:罗文恩,马卫红,刘雁妮,张蕾,陈瑞霞,郑付成,刘纯群,陈韵琪,胡杨洋,黄健彦,黄秋霖,江国芳,李国宝,林晓珍,潘雪怡,魏华,吴雨枫,许泞,余晓文,郑佳仪

1-9 何谓"游学"：
游山水，学人生？

  2018年秋季学期刚开学，我就收到华中农业大学池韵佳老师用微信发来的一个文档，名叫"游学感想"。

  2015年，池老师在武汉大学读博士期间，曾到香港城市大学参加市场营销学系组织的夏令营，营员主要是内地高校的博士生，她是夏令营的班长。那三个月，我经常要求营员提交各式各样的报告。夏令营结束后，他们回到内地，我要求他们继续每月写一份学习心得，由池老师收齐后交给我。他们后来交到什么时候，我已经忘了。看到文档名，我以为她发给我的是一个当时未交的每月心得汇总。打开一看，原来是她自己刚写的一篇夏令营游学回忆。去年我已从香港城市大学退休，这篇短文像是在谈一个"历史话题"，让我觉得有点意外。

  池老师在文中写道："夏令营期间，游学是一个贯穿始终的重要部分。但我没有把在香港城市大学游泳归为游学的范围。游泳是一个人孤独的旅程，在水中没有人交谈，没有外界的声音，也没有什么景观；游学不一样，大家在不断变化着的风景中交谈，在沟通中学习知识，还产生思想的碰撞。每次游学之后，再独自沉心做研究，像是又潜入水中游泳。现在想来，**游学和游泳恰好对应做研究的不同方面，做研究大部分时间像是在游泳，是一段无人陪伴的孤独时光。而游学把我们聚集在一起，大家切磋探讨，互相答疑，还增长了见识。**"

  池老师向几位几年前参加过夏令营的营员提起她写的这篇游学回忆。很快，他们每人也都写了一篇发给我。其中一位写道："学习上的困顿或阻碍，可以通过移情换景得到缓解。夏令营组织的游学，正好将眼前的'灰霾'一扫而尽。回望，像是经历了一个'参禅三境界'。"其他营员也有类似的看法。

  "**参禅之初，看山是山，看水是水。**""那时刚开始学做研究，看到的问题总是表面的、浅显的，看别人的研究或者觉得过于常识化，或者觉得高不可攀。怀着对研究的好奇与新鲜感，我用一种无畏的眼光来看待一切事物，但其实懵懵懂懂。**游学是'折腾'自己，希望在老师的带领下，遇见更好的自己。**""费孝通先生认为，将 seminar 译为'研讨班'传达不出 seminar 的精神，因而将其音译为'席明纳'，'席'是'围坐讨论问题'，'明'是'讲明白、听明白、弄明白'，'纳'是'从讨论中有所收获'。

游学时，大家随时讲自己的研究，即兴讨论，走到哪里，都是'席明纳'。"

"禅有悟时，看山不是山，看水不是水。""笔架山上风景优美，空气新鲜，**在教室里没说清楚的东西，在自然环境与轻松的氛围中，有时反而能够跟老师和同学们讲清楚。让别人听明白了，一个研究才做得下去。**""从'蹒跚爬行'到开始'独自站立'，逐渐看到山下各种现象之间的区别和联系，可以进一步拨开迷雾，找出背后隐藏的规律。""那时的游学经历告诉我，困惑中要克制，保持冷静、缓慢和细水长流的行动力。"

"禅中彻悟，看山还是山，看水还是水。""'上山/游学、下水/游泳'，加深了对好研究离不开下苦功的理解，同时，**身体得到锻炼，精神收获满满，与老师、同学间的感情也迅速升华**，达到真正的'身心愉悦。'""'游'山观世界，'学'思得真知。'游'之前，无比向往，目标陌生仍不畏惧；'学'之后，激动不已，亲历收获仍需坚持。漫漫学术长途，我们需要这种对未知领域的大无畏精神，勇敢去尝试、去思考，并在行进途中与不同伙伴对话交流。也许，**经年以后会发觉，原来当初'游'的是山水，'学'的是人生。**"

他们还在短文中提到那时我们组织的其他游学活动，比如上狮子山，去香港会展中心看书展，去香港怡和大厦外看英国艺术家亨利·摩尔的青铜雕塑。这些往事，甚至一些细节，他们依然记忆犹新，谈起来仍然兴奋。我也同样兴奋，虽然有好多细节已记不太清楚了。

我现在仍然在深圳大学以及武汉大学组织游学活动（见本书彩插图片13、14）。老子说："**有之以为利，无之以为用。**"（《道德经》第十一章）（"有"之所以能给人带来便利，是因为"无"发挥了作用。）用在这里，"有"是传统教学，而"无"是游学。"**力行近乎仁。**"（《礼记·中庸》）（知道做人的道理，然后努力去践行，就能够接近仁义的境界。）他们说，要将其"发扬光大"，现在也组织自己的学生游学。

池老师最近发来微信，说："我上个星期带学生游学，学生们都喜欢这样的'学习'方式（见本书彩插图片15）。课堂上主要是我在讲，而游学时我可以听学生们讲。一个学生说：'课堂教学是老师站在远处对我说话，游学是老师站在近处与我对话。与远距离的说话相比，**近距离的对话让我对交流的内容的理解、记忆更为深刻。今后我可能不记得课堂上学到的知识，但会记得今天游学的内容。**"

中南财经政法大学的王新刚老师这学期也组织了一次游学（见本书彩插图片16）。王老师写道："传统的教学在课内，而游学在课外；**'读万卷书'与'行万里路'都是学习。传统的教学侧重言传，而游学能够体现身教。**"王老师的一个学生在游学报告里写道："游学是我之前从未接触过的一种学习方式。**课堂之内的教育和课堂之外的教育相结合是对教育精神的尊重。**"

这个同学的话，对我很有启发。

2019年5月25日

特别感谢：池韵佳，陈鑫，王凤玲，王辉，王新刚，王伊礼，于雪，张慧

1-10　对话大一同学（一）：
做一个"中国的世界人"

2017年8月底，我成为深圳大学管理学院的一员。两年多来，我与大一学生的面对面接触最多，原因有三：第一，我连续三年为大一新生做入学讲座（累计约1 500人）；第二，我为大一学生授课；第三，我到同事教的大一新生班上做讲座。

每到互动环节，气氛总是很热烈，应该是我和这些"牛犊们"互相"仰慕"的缘故。在我眼中，他们像春天萌芽的嫩绿小草，无忧无虑地吸收阳光与雨露，茁壮地成长着。我比他们年长几十岁，他们或许觉得我是"识途老马"，"见多识广"。可是，"见"易"识"难。我确实"见"得比他们多，但"识"不一定都有道理。他们乐意与我交流，是我的福分。学生们青春年少，考上大学，离开父母的怀抱，学会独立，为将来进入社会奠定基础。他们现在正处在北宋文学家苏东坡说的"人生识字忧患始"的阶段，我乐意为他们"解"些"惑"，做些"引导"。

进入互动环节前，我会提"一点小小的请求"："你们可以提出任何方面的问题，但是必须与我以'同学'（一同学习的意思）相称。"他们大多数人都做到了这一点，以叫我"周同学"为开始进行提问。我有时在回答前，会先问他的姓，接着根据他的回答称其为"某同学"，而后简要地回答问题。

在写这篇随笔前，我看了一部分现场笔录。他们提出了五花八门的"问题"，清楚地证明他们并非"无忧"和"无虑"。《周易·系辞上》有言："乐天知命，故不忧。""乐天"指乐于顺应天命，我认为，这是"世界人"的境界。他们正在读大一，如何到达这个境界呢？以下列出同学们的部分问题，简称"问"；我的回答简称"答"，略去了前面的称呼。这些问题与回答，按"**人往高处走：读书人，社会人，世界人**"的思维逻辑整合如下。

问：高中时期，读书是为了考大学，现在上了大学，会感到迷茫。**读书到底是为了什么？**

答：我当时上大学，最初期望能解决温饱问题，而后踏上追求精神和心灵上的成长之路。大学四年，通过学习向老师请教、和同学讨论，可以慢慢地得到一些"答案"。

问：我父母希望我读师范的相关专业，以后找个稳定的工作，但是我不喜欢。我应该怎么抉择？

答：父母爱你，所以关心你的未来。你要耐心地向他们解释，你读的专业更适合你，还要让他们知道，你永远爱他们。我相信你能解决这个问题。

问：我想成为一个优秀的人，如何才能做到？

答：在座的每一位，包括我在内，都想成为一个优秀的人。老子说："强行者有志"（《道德经》第三十三章），我们的智商都差不多，有志气，肯努力，就有希望。**不仅努力学习，还要努力做好人好事，做个诚实善良的人比什么都重要。**

问：现在好像读硕士、博士才有优势。读完本科后，我是否也要跟随潮流，继续深造？

答："书到用时方恨少"，若有机会深造是好事。但如果大学毕业后就工作，也不要忘了继续学习。**终身学习，才能为社会做出更大的贡献。**

问：校园里有很多事会让我们分心，我该如何去选择应该做的事情？

答：大学阶段的首要任务是学习。**每天都要记住，去三个地方不能迷路：寝室、食堂、教室。不迷路，才可能做到"三好"：觉睡好、饭吃好、书读好。**

问：现实和情怀之间，难以抉择，您有什么建议？

答：路是一步步走出来的。做力所能及的事，目标不要定得太高，但也得有一点挑战性。定得太高，跳起来也够不到，容易产生挫败感。

问：什么是令您印象最深刻的大学精神？

答：每所大学都有其独特之处，要你自己去感受。我所理解的深圳大学的精神是"脚踏实地，仰望星空"，衷心地希望同学们将来立地顶天，为社会做出贡献。

问：我们除了读与专业有关的书，也要读"无用"之书吗？

答：读与专业有关的书，读小说，读经典，都不会无用。从"读书好"到"读好书"再到"好读书"，慢慢体会。

问：人的一生中会遇到很多人，如果与室友的关系没有以前好了，该怎么解决？

答：你觉得为什么和以前不一样了呢？（同学答："可能是大家追求不同了。"）我们都是有血有肉的人，我也遇到过这种问题。**要学会换位思考，遇到问题主动迈出一步沟通，每个人都乐意与愿意沟通的人交流。自己是小我，但与他人融合在一起形成集体，需要求同存异，这时小我就变成了大我。**

问：您出国留学时遇到过什么困难？

答：我的奖学金包括基本的生活费用和来回机票，回程票要留到获得硕士学位后用，即使很想家，也要等到两年后毕业才能回去。身体不是铁打的，偶尔会不舒服，没有胃口，我就用榨菜来配饭，用镇江香醋来调饭，很管用。那时**为了完成学业，无论遇到什么困难，都会想办法克服。**

问：我大学毕业后想出国留学，那时一定会碰到一些不适应的情况。应该用什么心态面对排外、沟通困难等问题？

答：你想得很远。首先思想上要有准备，其次是要对将去的国家有基本的了解。我三十几年前去美国留学前，大家对美国的了解都很少。一有机会，我就向教我们英语的美国老师了解美国的情况。

问：我想去美国读研，增长阅历。国内和国外的研究生有什么差别？您认为哪一种选择更好？

答：我不知道哪一种选择更好，但我觉得哪一种选择可能都一样。我自己走过的路，使我明白好不好都在我心里。我去美国留学，接着在加拿大工作，后来回到中国，阅历增长了，最终想**做一个具有世界情怀的"中国的世界人"。**

"中国的世界人"是我在《学问人生——〈道德经〉的启示》一书中提出的一个观点，希望自己可以从"身份上的中国人"成长为"精神上的中国人"，做一个立足中国、与人为善、超越民族主义思维、具有世界情怀的"中国的世界人"。

每次做讲座与大一同学们互动，我都会向提问的同学赠送我写的书的签名本，有时还和他们合影，他们很喜欢。我想，这或许是讲座互动气氛热烈的原因之一吧。

乐天知命，"**智者不惑，仁者不忧，勇者不惧**"（《论语·子罕》）。春天的小草长得快，我相信我的大一同学们到大学毕业时，各方面一定会有长足的进步！

2019 年 11 月 24 日

1-11 对话大一同学(二):
学识与见识指导人生,胆识改变命运

两年多来,在深圳大学管理学院的大小场合,不止一次有大一学生问:"周同学(我与学生之间习惯了互称同学),**上大学要学的东西很多,几乎应接不暇。学这么多,毕业以后到底有没有用?**"

我一般这样回答:"问得好!有不少我教过且毕业后多年未见的学生,在回校参加校友聚会时对我说:工作后,发现在学校学的东西总是用不上。"

紧接着,我又说:"我自己也有同样的感觉。我在国内上大学时学了不少叫'东'的知识;后来去美国留学,又学了不少叫'西'的知识。学了这么多,汇聚在一起,或许可以叫'学贯东西',但其中不少知识至今都没用上。"

听我这般回答,学生们意识到,这是每一个大学生都会遇到的问题。我的回答拉近了我们之间的距离,学生们顿时全神贯注起来。

我接着说道:"但是,**我现在用的不少知识是当年上学时学的,还有一些则是毕业后学的。不过当年学得并不深入,很多时候只是'感觉',至今我仍在'渐悟',希望将来有'顿悟'。**"

什么是"感觉"?什么是"渐悟"?什么是"顿悟"?学生们开始思考。

这时,我解释道:"毕业生这样告诉我,'在学校学的东西总是用不上',是因为**学校学的多是'千篇一律'的理论或道理,但工作时面对的却是'形形色色'的现象或问题。大道理统管小道理,关键是要懂得活学活用。当我们能在工作中熟练运用学到的知识时,我们才能胜任工作。**这些毕业生还告诉我,现在他们也在通过各种方式继续学习,因为学习是终生的。"

上大学时学的知识,大学期间就用得上。

"上"学"长""学识",目的是"上进"和"成长"。"学习""认识""识别"都是"学识"的衍生词,却是循序渐进的,"**先学后识**",学习和吸收知识,使它"有用"。大一学生们说,他们不仅要分析案例、参加比赛,更要走访企业,内容可谓丰富多彩。这些或许叫"**先见后识**"。因此,"**上**"学也"**长**""**见识**"。

或许一转眼就到大四了,他们将要去企业实践学习,也要考虑毕业后是工作还是读研,"难题"五花八门,需要用到越来越多的学识和见识。

古人言："读万卷书，行万里路。"我们或许也可以说，上大学读书以长学识为主，毕业后工作以长见识为主。

两"识"是否"有无相生"（《道德经》第二章），相辅相成？

求学读"万"卷书，"得""学历"；工作行"万"里路，"得""阅历"。两者都是"得"。欲得，先舍，不舍不得，小舍小得，大舍大得？我对提问的大一学生说，青春岁月，有机会上大学，就先不要去想学到的知识毕业以后到底有没有用，而应该先"学"与先"看"再说。

上大学"很累"，学识和见识可以"相辅"，但若要"相成"，还需要"长"另外一个"识"——胆识。因为前两个"识"兼得，有"用"，但只是"艺高"。因此，**必须将学识和见识"提""升"为胆识，"胆大"才能带来真正的"长""进"，才有更大的"成""效"**。这叫"艺高人胆大"。

人人都知道学识不可少、见识不可缺，两者都是"知识"，既可以"丰富人生"，也可以"指点迷津"，但如果因此而忽视了胆识的重要性，结果还是无法"改变命运"。

就是说，有了学识和见识，还要拥有敢于行动的胆识。"识"包含"判断"。**有"胆"是"不跟人一般见识"**，不是匹夫之勇、意气用事，而是在评估与思考之后，"跳出"舒适圈冒险，**接受挑战**。既然选择"跳出"，选择冒险挑战未知的领域，就会有风险。有胆识的人，会选择冒险。"舍"安稳，可能失败，也可能成功，但只有这样才可能"得"；无胆识的人，选择不冒险，不冒险不等于保险，**沉溺于安稳，注定失败**。

有胆识，意味着有所创新，拥有创新力，同时付诸行动，拥有执行力。考大学时，选择来深圳大学，是因为开拓精神与实践创新是这所大学的一个特色。向我提问的大一学生们毕业后，无论是留在深圳，还是"走南闯北"，**读书期间"长"起来的学识、见识、胆识，能够助他们在未来"闯出一片天"**。

当我们把学识、见识、胆识放在一个更大的系统中时会发现，"有知识到有胆识，有胆识到有知识"是一个"无限"循环。学无止境，所以前面提到的毕业生说：现在还在通过各种方式继续学习，而且会终身学习，这样才可能更好地"闯天下"。

结束交流前，我会与学生们一起做个小结：**学识打基础，见识开眼界，胆识闯天下。"多易必多难。是以圣人犹难之，故终无难矣。"**（《道德经》第六十三章）（把事情想得太容易，必将遭遇很多困难。因此，圣人不低估困难，最终没有困难。）**上大学要学的东西很多，会有用的！**

有时我们还一起唱歌为自己"打气"："**我们今天是桃李芬芳，明天是社会的栋梁**。"因为**明天**的"**闯天下**"和"**社会的栋梁**"，离不开今天的刻苦学习。

大一学生们提的以上问题很重要，我的回答却很零碎，也很不成熟，但他们似乎都乐意听。因此，我写下这么一篇很不成熟的短文，供他们参考。

2019 年 11 月 25 日

1-12　读大一，不只是学知识？

青春是一张单程机票，随风飘逝？

今年春季，我第二次为深圳大学管理学院大一学生开设"品牌与人生"这门课（见本书彩插图片17）。

上第一堂课时，我才知道他们全是院团委干部。一下子，我有了一种"找到组织"的感觉，似乎回到自己读大一的那一年。彼时，我23岁，担任团干部。现在我已67岁，而眼前的11个学生，平均年龄才18岁。上课时，我不熟悉他们用的网络流行语，问他们是什么意思，常引来阵阵笑声，他们或许解释了好几遍，我才只是大概明白，只好"求饶"。可是，年龄差距似乎并没有妨碍我们之间的交流。

去年，我曾请修这门课的学生写过《大一心得》。今年，我也让修这门课的学生写《大一心得》。同中有异，异中有同，同是"年年岁岁花相似"，异是"岁岁年年人不同"。

大一快结束了，他们明白了什么？有什么迷茫和困惑？

下面是学生们的答复：

▶ 读大一，我想，我明白了**成绩并不是唯一**。我深深体会到"大一好累，我想回高三歇一下"这句话的意思。高三累的只是学习，而**大一累的是突然像洪水般向你涌来的一切**：学习，团组织工作，生活技能……曾经有那么一段时间，我招架不了，陷入了彷徨之中。一年快过去了，我相信自己**在忙碌中有所成**。

▶ 初进大学，很多新事物让我感到兴奋和紧张，它们等着我去发现、去尝试。于是我加入社团，吃遍每个饭堂，参加竞赛。这些让我长了见识，交了新朋友，大学生活变得丰富多彩，收获了很多。**大胆去尝试，会让你有意想不到的惊喜。**

▶ 初入大学，丰富多彩的校园活动绑住了我的腿，不知不觉间，几个月已在忙碌中悄然流逝。校园生活的确可以开阔眼界，但同时也要懂得取舍。**合理地规划和安排时间是"必修课"**。抓住自己热爱的、向往的，同时要学会放弃冲突的、无用的。不要让外界因素打乱你的节奏。

▶ 一年来，我参加过社团，准备过比赛，也开始了在专业领域的学习。但无论是学习、工作还是生活，聚焦都是重中之重。鱼与熊掌不可兼得。毕竟人的精力有限，多线并行让人顾此失彼，忙忙碌碌最终也可能碌碌无为。**聚焦在某一处，力往一处使，或许会有更好的结果。**

▶ 上了大一，课程的自由度大大提高，空闲的时间也更多了，这对自己在时间上的把控能力提出了高要求。我真真切切地领悟到"时间是自己的"这句话的内涵。同样的时间，你可以用来睡觉、玩手机、打游戏，也可以用来学习、工作、参与社团活动以及结交新的朋友。在我看来，没有"浪费时间"这种概念，你和别人的差距只是时间使用方向上的区别。**时间可以让人有所收获，也可能让人堕落**。我开始懂得把握今朝。

▶ 大一是高中与大学的过渡期，**是从懵懵懂懂的中学时光到发现自我的过程**。我渐渐发现自己喜欢但以前从未留意过的东西，在慢慢熟悉这些东西的过程之中，我疯狂地学习。此时我发现，原来现在的自己和以前的自己是那么不同。

▶ 读大一，**我开始学自立**。离开父母的怀抱，一个人来到陌生的城市，熟悉校园环境，结交新朋友，适应饮食习惯，调适心理状态，等等。一步一步探索，一天一天"长大"，不断地锻炼自己适应环境和抗压的能力，同时学会照顾自己。大学，**不只是学知识，更是学自立的能力**。

▶ 我开始觉得，当代大学生难能可贵的品质是**懂得自觉**。自觉接近"人"，可以理解为努力学习，好好工作，即做人的要求；自觉接近"地"，可以理解为脚踏实地，认真负责，即做事的态度；自觉接近"天"，可以理解为探寻学问与人生的究竟，承担社会与国家的责任，即追求无我之境界。

▶ 上大学，让我认识到自己的不足。比如，集体去南山公园游学时，上山对我来说是个小挑战，累并充实。我要多锻炼身体。这一年，我懂得了许多道理。我要**做一个正直的人，同时懂得善待他人，热爱生活**，还要给自己留下足够的时间反思。

▶ 我的大学生活好像总是停留在接受书本知识的阶段。我们思考问题时，总是始于书本，终于书本，最多对书本知识有些扩展或深化。但是，我们却常常忘了来自书本的知识与理论是为解决某个现实问题而构建的。我们当然应该了解各种各样的理论，因为这是人类文明历程的精华，有助于我们去认识世界。不过，我们更应该**学习将理论世界与现实世界更紧密地联系起来，不断进步**。

▶ 大学是学习的天堂，我需要保持一颗热爱学习的心，这样才能与时俱进。但是大学的学习，不限于课堂上，更多的是在课外，学感兴趣的知识，做喜欢的事，找到属于自己人生的方向，而不是人云亦云，随波逐流。努力前行，让大学生活变得更有意义！

他们通过文字，让我知道他们的故事和想法，我很感谢。**大学正值青春年华，但也有很多未知，要用付出换成长**。许多时候，教师对学生了解得不够。了解得不够，怎么教得好？**教师不仅要"教研"**（研究教师怎么教），**还要"学研"**（研究学生怎么学），帮助学生更好地成长。

3月底，我和学生们一起去南山公园游学。春风扑面，大家欢喜、雀跃。站在山上，望着山下的蛇口港、连接深圳与香港的深圳湾大桥和对面的香港，不止一个学生问我："香港有哪些好看的地方？"我18岁时，在农村插队，想的是如何不饿肚子，是绝对想不到问这类问题的。这些学生大多来自广东本省，是家里的第一个大学生。他们离开父母，来深圳上大学，如春天雏鹰学飞一样，跃跃欲试。校园里有这么一条标语："深圳大学，梦开始的地方！"我想，他们这个问题的深层含义或许是："如何从深圳大学走向世界，如何创造美好的人生？"

"合抱之木，生于毫末"（《道德经》第六十四章），我很幸福，在此时此地又结识了一批正在像小树一样长高长大的大一"同学"。

青春是一张机票，迎风飞舞！

2019年5月30日

特别感谢：陈思艺、关漪嫣、郭嘉俊、黄淑敏、李红岩、李雪娇、梁江敏、梁扬、潘慕华、王鑫、温定钊、吴贺文

1-13 "读大二，我还在寻路吗？"（一）：
善于总结

去年春天，我在深圳大学管理学院开设了一门叫"品牌与人生"的课程，有13个大一学生选修了这门课，我与他们建立了"同学"（一"同""学"习）关系。

为了增进我对他们的了解，也为了让学弟学妹们往后更好地了解大学生活，我请他们每人写了一篇《大一心得》，汇总后收录在我的随笔集《学问人生——〈道德经〉的启示》中。当时，一个学生写道："大一是寻路的一年、迷茫的一年，也是发展自我、发展规划的一年。"另一个学生写道："要充分利用大学这个大平台，抓住一切学习的机会，跳出自己的舒适圈，不要害怕犯错，而要感受过程，学会总结，终究会有所成长。"

转眼一年过去，他们"发展""成长"得怎么样了？"寻"到"路"了吗？有新的"迷茫"吗？最近，我请他们写《读大二，我明白了什么？》，详细内容如下：

▶ **自我驱动力很重要**。大二这一年，随着学习的课程越来越"专业"，我的信心也越来越足了。我靠给自己"打鸡血"来**提高执行力，否则都只是空谈**。此外，我还给自己树立了目标，如参加比赛、兼职、实习、考取各种资格证等，以不断丰富阅历。

▶ 上大二，"意义"这个词让我感受最深刻。许多人以"利益"为先，随后才是"意义"。但是，我发现有意义的事情更有趣。我很庆幸，在这一年用不少时间做义工。做义工让我觉得很值得，它能**提升我的精神境界**。物质通过某些途径或许可以得到，但是当你沉迷于寻找财富时，你只能拥有狭窄有限的财富观。时刻牢记脚踏实地，仰望星空，**别把自己困住**。

▶ 上了两年大学，学业内我对自己喜欢的专业有了一定的了解，学业外我与同学办了两本刊物。当然我也曾有过"竹篮打水一场空"的时候，那时我总会想起去年在课上听到的"心中有梦可喜，心里有数可贺"。已经有了不少"有喜无贺"，希望慢慢有更多"可喜可贺"。

▶ 大二这一年学到最多的是团队合作方面的道理，我举两个小例子说明。我曾经作为组长策划活动，因下级越权，我跟上级沟通不畅，活动结果不尽如人意。我从这件事**学到沟通的重要性**，此为第一例。还有一例是我跟一位优秀的学姐合作参加比赛，自己当时未尽全力，导致我们双双落选。这让我明白**做事要么不做，要做就要全力以赴**。

▶ 我大二这学年的**关键词是"规划"**。我所学所思所接触的东西越多，对大学以及未来的规划就越清晰。我试着去好好学习，提高成绩，也去参加与专业相关的项目，做些兼职工作。

▶ 大二上学期，我因伤病无法和队友们一起参加省篮球赛，内心有些遗憾。后来，我鼓起勇气加入学院的市场营销学会，听说里面有很多"精英""大佬"，也因此结识了几个新朋友。这使得我有了首次参加一个营销策划比赛的经历，虽然结果不尽如人意，但还是有所收获。**我想快点进步，早日独当一面，和队友们一起赢得更多的比赛，共同进步！**

▶ 大二学年刚开始，我对学习的热情有所下降，所幸后来慢慢调整了过来。这学年有两大收获：其一，察觉大学**不仅学知识，还应该学思维**，要训练自己分析、解决问题的能力；其二，每天都好好吃饭、睡觉，去发现新鲜事物，去**热爱生活，勇敢面对挑战**。

▶ 大学课程大多要求团队作业，也意味着要和其他人合作。大二上学期，一次不愉快的合作导致课程成绩不尽如人意。这次经历让我认识到，选择合作伙伴需要慎重。身为团队的一员，我们**要有集体责任感，尽己所能做好分内事**。合作需精诚，态度端正，荣辱与共。同时，没有人愿意老是背负别人的责任。如果一个人只想搭便车，长此以往会让人避之不及。

▶ 度过了大一的适应期，大二这一年我基本上学会了**管理自己的学习、工作与生活，也用更多时间去思考，为未来做计划**。随着课程的深入，以及通过更多的途径了解社会的真实面貌，我开始尝试兼职与实习。在此过程中，通过分析与总结，逐渐明晰自己未来的学习与研究方向。同时，逐渐领会到沟通与分享的艺术，**学会感恩所得，珍惜所受之助**。

▶ 大二这一年，随着接触的东西越来越多，反而越能体会"大道至简"。越纠结，越不能自拔。学无止境，人无完人。厚积薄发的境界，需要很长时间的积淀。**去找寻能让自己"心安理得"的事吧**！希望假以时日，终有所获。

▶ **看远一点，走慢一些，学多一点，想透一些**。人生不是一场靠爆发力的短跑，而是一场靠耐力的马拉松。了解别人的人生轨迹，思考自己的人生规划；读读宏观经济，了解时代发展趋势，汲取人文学科的知识营养，找到属于自己的"跑道"。

▶ 如果说大一是"野蛮生长"的一年，大二则是**忙碌充实的一年。行动不一定总有结果，我有时会有"碌碌无为"的焦虑感**。因此，我慢慢开始学做减法，试着明确自我的定位（我是谁），了解自己的能力（我能做什么），制定明确的发展目标（想去哪），以及规划路径（怎么去）。希望大家都能留出一点时间，静下心来审视自己，学会"有所不为"。有的放矢，才能保障"有所为"。

▶ "忙"是目前生活的真实写照，但是相比之下，**思考比努力更重要**。保持思考是件好事。我不愿意用"坚持"这个字眼，觉得思考需要自然而然形成习惯，是无意识的过程。有时看似很忙很充实，但是每一件事都没有做到最好，或者是没有尽自己最大的努力去做，这样的"忙"和"充实"只是在自我欺骗而已。每一次任务结束之后对自己的反思和总结也是思考。总结并不是简单地评价，而是再一次回顾与展望。累到团团转的时候，我希望能在夜深人静的时候让自己停下来，**问问自己：你要的是什么？你做到了吗？你做好了吗？你还能做得更好吗？**

年轻三部曲：有理想，有行动，有思考。青春似火，"高下相倾"（《道德经》第二章），继续"发展"，健康"成长"，**一天一进步，一年大不同**。相信他们的下一年会更精彩！

2019 年 5 月 25 日

特别感谢：陈韵琪，胡杨洋，黄健彦，黄秋霖，江国芳，李国宝，林晓珍，潘雪怡，魏华，吴雨枫，许浒，郑佳仪，陈思艺

1-14 "读大二,我还在寻路吗?"(二):
保持热情

2019年3月30日,深圳,蛇口,面朝大海,春暖花开。

我和15个深圳大学的"同班同学"去南山公园游学(见本书彩插图片18)。说"同班同学"是因为他们去年或者今年在我开的"学问与人生"课程班上与我一同学习。15个同学,4个读大二,11个读大一。

"**学者如登山焉,动而益高。**"(《中论·治学》)路上,大一同学不时向大二同学提出各种各样的问题,比如:"怎么当班长?""同组同学不合作时怎么办?"山路时窄时宽,上上下下。而且,由于是星期六下午,来来往往的游人很多。一个大二的同学在回答问题时,即使扯开了嗓子,最多也只能让前后几个人听得清楚而已。

他们的交谈中确有不少宝贵的信息。于是,我们找了个宽敞的亭子坐下来谈,这样使得每个人都可以听到。4位师兄师姐即兴谈了他们对师弟师妹们的建议。每个人都说得实实在在,毫无保留,也都有一个重点。以下是他们建议的一部分:

▶ 大学四年好比建造一座金字塔。金字塔的地基是大一这一年搭的。万丈高楼平地起,在大一时打下的基础对于以后的成长有相当大的帮助。条条道路通罗马,并不存在一个万能的模板、一个标准的方向。我建议大家不断地去体验、尝试,多参与社团活动、与专业相关的比赛,有机会还要去外地走走看看。在此过程中充实自己,开阔视野。到了大二,对于自己感兴趣的事情有了初步的了解,应该有所取舍,慢慢收心,即把"好钢用在刀刃上"。这样,到了大三、大四就能潜心修筑自己的'塔'了。我相信,经过四年沉淀建造成的成长之塔,不一定要建得很快,但一定要建得很稳,就如我们学校倡导的"仰望星空,脚踏实地"。

▶ 修这门课程的同学都是管理学院团委的大一"小干事",所以我提一些跟加入社团相关的小建议。你们是团委各部门的主力,许多同学刚加入团委时满腔热忱,对以往很少甚至从未接触过的工作充满好奇与热情。可到了后期,却逐渐有些懈怠、偷懒。**始于好奇,保持热爱,忠于责任**,这是我对加入部门或社团的理解。我们不知道自己以后将会从事什么样的工作,但可以肯定的是,部门、社团所赋予我们的,除了区别于课本的额外技能，还有更广阔的视野和更多的可能性。多年以后，在做"小干事"时期自己制作精美的推送文案，学会娴熟地使用单反相机，策划了一场好评如潮的活动，应该都会在不经意间勾起美好的回忆。既然选择去做，就全身心地投入吧！

▶ **莫让健康问题拖了你前进的后腿！** 无论读书与生活，都离不开一个健康的身体。我曾经向一位师兄请教"大学里应该做些什么"，师兄给了我一个"奇怪"的回答："当你不知道该做什么时，就去锻炼身体吧！运动是大学生最稳定的投资。"这种看法听起来匪夷所思，但对于大学生来说，"健康"一词是绕不开的。举个例子，由于学习压力大，有些同学感慨为了完成作业而天天熬夜以致秃头，有些同学开玩笑地说"肝不够用了"。我真诚地呼吁同学们重视健康，加强体育锻炼，哪怕只是早上早起十分钟走路去上课，而不是在玩手机这样的休息中慢慢变得"奄奄一息"。让自己活得更像个"年轻人"，通过健康的作息和适量的运动，获得充沛的精力。在前方漫长的人生赛道上，不仅需要一颗满载知识的脑袋，还需要一副扛得住风吹日晒的身躯。

▶ **一定要珍惜和保持你们的热情。** 大家入学时，对一切都充满了热情和好奇心。这种热情，无论对于学习、社团还是社交，都是十分宝贵的！但是，有些人到了大一下学期就开始浑浑噩噩地过日子，对专业学习不感兴趣，对社团的事不再上心，等等。一定要保持热情，想谈恋爱的好好去谈一场恋爱，用心培养感情；想参加社团的好好干，你会学到很多；对于专业的学习也不要落下；还有，要多和老师、同学交流，这样你看世界就多了一个角度！别忘了，我们是学生，因此要认真完成作业，好好准备考试。比如，管理学院下学期的高等数学有点难，需要多花些心思，先祝大家逢考必过！保持好奇心，保持热情，去探索，去实践，这样到了读大二时，可以更上一层楼，也有更多的故事与人说谈。

师兄师姐们的肺腑之言，朴实无华，相信师弟师妹们在边听边自问："距离大一下学期结束还有几个月，我在哪些方面可以有所改善？"我知道，他们会找到属于自己的答案的。

"前后相随"（《道德经》第二章），求学之路，成长之路，自己寻路，助人成长，一起进步，其乐无穷！

2019 年 5 月 25 日

特别感谢：陈思艺，魏华，许洴，郑佳仪

1-15 "研究生们，希望你们胸怀天下，珍惜现在"

珞珈山金秋，天高云淡，气候宜人。2018年9月20日，第二届"智回母校——营销武工队珞珈山学术论坛"在武汉大学经济与管理学院举行（见本书彩插图片19）。三位队员向博士生、硕士生们分享了自己的读博经历与研究心得，还提了不少建议。

中央财经大学的王毅老师提了三点建议：第一，**要胸怀天下，做大的、真正有意义的研究**。王老师说："我在中央财经大学工作十多年了，经历了从年轻的学者向不太年轻的学者的过渡。近些年，我深深地体会到，**我们的管理学研究，包括营销研究，出了很大的问题**。真正好的学术研究要引领实践、指导实践！但现实是，在与企业家交流的过程中，我发现他们中很多人对一些新工具、新方法、新思想的应用和理解，已经远远跑到了我们学界的前面。现有的管理模式、组织架构甚至基本管理思想都面临着巨大的挑战。每一位现在或者未来的学者，都应怀揣做大的、有意义的研究的志向，这样将来才能引领和指导实践。"第二，**起步阶段的研究要聚焦**。在刚踏入学术研究之路的时候，切忌"这山望着那山高"，摇摆不定，而应在一个有价值、有潜力的"小小"的研究领域，做深做透。王老师说："要成为任何领域的专家，不经过认真的积累、艰苦的磨砺是不可能的。同学们要有至少坚持三到五年做一个好研究的决心和思想准备。"第三，**在人生的每一个阶段，做这个阶段该做的事情**。王老师说："**在求学阶段，认真积累，夯实基础**。今天你们读的书，是你们未来展翅高飞的'本钱'。你们走上工作岗位的时候，会发现青年教师们将面临各种各样的压力和诱惑，可能没有很多时间去积累，因此，**希望你们珍惜现在，厚积薄发**。"

重庆交通大学的姚琦老师与大家分享了申请国家自然科学基金面上项目的经验。"我的申报书初稿提交给学术同行请他们提建议时，他们觉得研究的框架设计'是从心理到心理，并没有到行为'。消费者行为研究的因变量最终应落实到'行为'上，**让理论为企业实践服务**。我根据同行们的建议，反复修改，让研究更接'地气'，最终获得立项。"

姚老师说，国际管理学界有一个"做负责任的管理研究"的倡议，**博士生们也应**

该思考什么是负责任的营销研究，如何做负责任的营销研究。"我希望与大家共勉，我们从读书人转变为学问人，通过做顶天立地的研究，最终成为一个对社会有益的人。"

中国矿业大学的王殿文老师说："在博士生阶段，学习的时候一定要有多样性。虽然我们在刚开始读博士时会选择一个方向，但是以我的经验，也要对其他领域的文献有所了解，以博采众长。如果短板'太长'，你以后的研究或者学术发展中就会受到比较大的限制。我原来是做方法类和模型类研究的，但是现在发现，在做一些理论相关的研究时，总是'提炼'不出观点来。"

王殿文老师说："多和'外面'的老师或者同学交流。因为只有这样，才能拓宽我们的视野。比如说，在听王毅老师讲他的研究之前，我估计我们的领域相距比较远，但听了以后，发现自己现在做的与王毅老师讲的是相近的。说不定你在和别人交流的时候，可以从另外一个方面对研究形成一个很好的'对冲'并产生新的认识。"

主持论坛的华中科技大学的周元元老师在总结时说："确实如此。**研究生们，希望你们胸怀天下，珍惜现在**。我一直在思考，跟企业界相比，我们一定有自己的短板，肯定不具备他们在实践领域的长处。**我们能够为这个社会做什么？起码有一点我们可以做，那就是'做这个社会的脊梁'**"。

周老师称，不久前，她参加院里的工商管理硕士（MBA）入学面试时，大家讨论了一个案例：有一款手机出现了信号问题，那么作为企业管理者是应该将其召回还是不召回？有些具有丰富企业管理经验的人的决策是不召回，因为成本很高。但是，当时在座的三位老师却坚持一定要召回，因为存在影响紧急通话的隐患。为什么？老师要给企业、学生传递的信息就是，"人生而为人，我们知道有所为，有所不为"。

老子说："圣人犹难之，故终无难矣。"（《道德经》第六十三章）我们求道，明确目标，重视困难，可以少走弯路。

几位老师的建议，对我也很有启发。

2018 年 10 月 1 日

说明："营销武工队"（营销·武大·工作队）是在外校担任大学教师的武汉大学市场营销与旅游管理系毕业生于 2014 年建立的一个讨论研究的微信群，目标是成为中国营销学界的一支生力军。营销武工队从 2015 年起举办内部年度"论道"学术研讨会，从 2018 年起还"回娘家"举办"智回母校——营销武工队珞珈山学术论坛"。

特别感谢：王殿文，王毅，姚琦，周元元，贾煜

1-16 蓉城论道：
"分享与合作让我们立于不败之地"

初冬的成都，银杏开始落叶，给街道铺上了金黄色的地毯。继长沙麓山论道（2015年）、南昌白鹿论道（2016年）、深圳鹏城论道（2017年）之后，第四届营销武工队年度"论道"学术研讨会于2018年11月24日在成都举办（见本书彩插图片20）。

2017年10月28日，在深圳举办的鹏城论道接近尾声之际，我们讨论下一届在哪里举办时，西南财经大学的朱文婷老师自告奋勇，表明2018年要"单枪匹马地"举办蓉城论道。

蓉城论道的前一天晚上，提前到达的几位队员"开小会"讨论到11点，第二天，12位队员"开大会"，会议整整持续了一天。当天夜里，没有离开的几位又继续"开小会"至深夜。成都果然是座让人"来了就不想走的城市"。

论坛结束后，参会队员每人写了一段感想，这里节录其中的一部分：

▶ 营销武工队成立之初，我们就希望能够成为中国营销学界的一股力量。今年参加论道的队员，都曾在国内外顶级期刊，包括《管理世界》《南开管理评论》以及 Journal of Consumer Research、Journal of Marketing Research、Journal of Marketing 等上发表过文章。**这真是个互相学习、互相促进的好机会。**

▶ 余光中先生在《乡愁》中说："在貌似坎坷的人生里，你会结识许多智者和君子，你会见到许多旁人无法遇到的风景和奇迹。"每个同学都分享了自己的研究，有研究想法，有课题申报书，也有正在评审的论文，"干货"满满。大家"不留情面"地"批评"，但激烈讨论后，总是会心一笑，感谢相互的帮扶。**每年的营销武工队论道，就犹如开启新一轮的爬山之旅，大家相互勉励！**

▶ 我坐在下面听研究介绍，心里默默感叹，**当年在珞珈山中艰难跋涉的我们，正在像花儿一般绽放。**尽管前面还有高山，却让我们体会到美好的学术人生。**我们从在武汉大学读博开始，一直不断地蜕变，不断地新生。**跟我来旁听的一位"预备"研究生（一年后"转正"），在回重庆的路上告诉我："老师们都这么努力！你们的老师将这种精神传承给你们，而你们又把这种精神传承给了我们。"

大家对如何做好的研究有了新的体会：

▶ 要做有意义的研究，必须提出一个有意义的研究问题。一个有意义的研究问题首先要具备现实相关性，其次要具备理论相关性。如果提出的研究问题在管理实践中普遍存在，并且管理实践者迫切想解决，那么该问题便具有较高的现实相关性。如果提出的研究问题已有理论涉及，但尚未给出很好的解释，那么该问题便具有较高的理论相关性。**来源于管理实践的研究问题比来源于文献的研究问题更有意义。**

▶ 有意义的研究，理论贡献为"天"，实践价值为"地"，如何做到顶"天"立"地"（有意义）？靠人（作者）来融会（文献）贯通（现象）。**使文献入心，让现象入眼，点石（现象）成金（问题），外化为文章，神（思想）形（实践）兼具。**

▶ **中国学者不应该全都去别人家"种圣诞树"，年轻学者要做扎根于中国文化的研究，走出一条自己的道路来。**以下两点思考，请大家斧正：（1）实证研究。把涉及本土文化的概念构念化，并且证明该构念与西方理论的相似构念确实存在本质差异，最后按照实证研究的规范动作开展研究。（2）案例研究。对于尚不能进行构念化处理的概念，采用案例研究的方法避免本土研究不规范的缺陷。走自己的路，免不了各种波折，但只要做到足够好了，我想是能够得到认可的，而且还能形成一种风格。"凡有所学，皆成性格。"

▶ 在走自己道路的同时，很可能出现闭门造车的问题。因此，**自以为非的精神非常重要**。要做到自以为非，有三点建议供大家批评指正：（1）**与文献对话**。做本土研究不仅要读中国文化的文献，也要对标西方文献，避免陷入"旧瓶装新酒"的问题。如果西方已有成熟理论可以解释中国本土现象，那就没有必要为本土而本土（**世界的，也是中国的**）。（2）**与高人对话**。做本土研究要多与在外文顶级期刊上发表过论文的学者对话，如果能说服他们，那或许基本可以认为是做到足够好了（**中国的，也是世界的**）。（3）**与实践对话**。21世纪是全世界的世纪，不是非西即中。全球化的进程，中外文化交融发展，呈现出新动向、新面貌。虽说不能忘了老祖宗，但也不能一直嚼老祖宗的剩饭。因此，传承、融合、创新发展更重要（**做一个"中国的世界人"**）。

老子说，"祸莫大于轻敌"（《道德经》第六十九章），原意是指"最大的祸害是低估敌人的力量"，我这里借指"要有自知之明"，取长补短，发挥集体的力量。这正如一位队员所说："**发文章是小，同追求是大。分享与合作让我们立于不败之地！**"

另一位队员说："**一年一聚，2018年蓉城论道亦留下许多专属于营销武工队的印记。这些印记不断强化，终将成为一种精神、一股力量！**"

青春不散伙！期待下一年的徐州彭城论道！

2018年12月10日

特别感谢：朱文婷，才凤艳，姚琦，李小玲，王新刚，童泽林，黄净，张宁，王殿文，谢志鹏，王进，陈鑫

1-17 没有"压箱底"的论文,就不是合格的博士生?

珞珈山春暖,鸟语花香,草木葱茏。2019年4月11日,我参加了在武汉大学经济与管理学院举行的第三届"智回母校——营销武工队珞珈山学术论坛"(见本书彩插图片21)。三位队员向在校读硕士和博士的学弟学妹们"传经送宝"。

来自湖南大学的王峰老师第一个发言。王老师本、硕、博都就读于武汉大学,2012年博士毕业。王老师谈了三点读博的体会:首先,**多问自己几个"So what"(那又如何)**。"在找导师汇报研究以前,如果觉得自己的研究特别成熟、特别完美,那么赶快自问几个'So what',先把自己贬得一无是处。之后,再鼓起勇气去问导师,这样才不会被导师一问就'惊慌失措'。"其次,**多读文献,多讨论**。"我们那届博士生有十几个,大家经常一起看文章、一起吃饭。吃饭之前,我们会组织小型讨论会。每个同学的背景都不一样,关注点也不一样,因此尽管读的文献一样,但感受并不相同。通过讨论,我们收获颇多,能够较快地提升自己。有时我们分工协作,每个人只读某一部分文献,然后将其主旨和研究意义分享给大家,这就提高了讨论的效率。"最后,**多听师兄师姐们讲他们的故事**。"当你觉得研究没有办法进行下去的时候,多跟师兄师姐们聊天。他们懂得比我们多,听他们'倒苦水',你会觉得自己并不是最'惨'的。此后,你再回寝室重新打印文章,接着读。"王老师接着说:"读博士、硕士的同学,如果男同学说没有'抓狂'的时候,女同学说没有'哭过鼻子',应该不是一个完整的做研究的过程。"

来自浙江大学的王丽丽老师第二个发言。王老师本科就读于吉林大学,硕士就读于武汉大学,博士就读于上海交通大学,2012年毕业。王老师说:"2005年我来武汉大学读硕士,第一堂课,听老师讲'为什么来武汉大学读书':去北京当得了官,去上海可以赚钱,在武汉大学当不了官,也赚不来钱,但可以安心地做研究。我就想,**既然来了武汉大学,那我就专心学做研究吧**!所以,我是从武汉大学开始学做研究的。"王老师接着说:"刚才,王峰说读博士女同学如果没哭过是很不正常的,**而我还没有开始读博士就已经哭得一塌糊涂了**。2006年第三届JMS中国营销科学学术年会暨博士生论坛在武汉大学召开。有些比我年纪小的人的论文全文被录用,而我的只是摘要被录用。知道结果的那天晚上,我在三环宿舍的三楼哭着给周南老师打电话'诉苦'。"

王丽丽老师获得硕士学位后,先工作了一段时间,才又回来读博士。她的读博经验是:"第一,**如果没有'压箱底'的论文,就不是合格的博士生**。如果你动作慢,研究还没写成论文,别人的成果就已经发表了,那么,你的研究就因为不具备创新性而无法发表了,只能压在自己手里,这就是'压箱底'的研究。第二,**研究和别人'撞车'以后,不要太担心**。找出自己的独特点,即使'新瓶装旧酒'也有发表的可能,不至于永远'压箱底'。第三,任何领域,**每个人都只能研究一点**,而不可穷尽。每个人的想法不一样,你投的稿很难满足每个审稿人的要求。作为博士生,一定**要大胆去写、去试。另外,也不要怕英语不过关**。"

巧得很,那天是王丽丽老师的生日。她的发言刚结束,一位博一的学生代表就上前给了她一个惊喜:一束鲜花!接着,在场的一百多位师生唱起了《生日快乐》歌。平日里快言快语的王老师,满脸喜悦,竟然不知说什么好。

来自西南财经大学的朱文婷老师第三个发言。朱老师本科就读于江西财经大学,硕士就读于武汉大学,博士就读于香港城市大学,2016年毕业。朱老师说:"我的读博过程比较顺利,四年毕业,博士论文的研究在入职以后也陆续发表在还不错的学术期刊上。但是,你问我读博轻松吗?我如果说轻松,那肯定是假话。"她也分享了三点读博感受:"第一,**多读文献**。我读博的大部分时间都是在读文献。文献的积累对于做研究至关重要。研究的第一步是提出研究问题。研究问题从哪来呢?多是基于对现象的观察。发现一个有趣的现象对我们来说不难,难在如何把这个现象抽象成概念或者变量,继而提出一个具体的研究问题。我们只有通过广泛地阅读文献,积累对概念和变量的理解,才能较快地把现象转化成具体的研究问题。第二,**关注理论**。掌握相关研究领域的主流理论会极大地促进我们对于文献中模型的理解。硕士阶段,我经常在经济与管理学院的图书馆读英文文献,一读就是一整天,但效果并不理想。博士阶段,系统学习了营销学的相关理论之后,理解文献的速度显著加快。第三,**学会分享**。读博期间,有时免不了有负面情绪,在写论文的过程中,有时甚至觉得痛苦。有情绪并不可耻,应该坦然接纳与面对,而不要被其左右。与家人、朋友适当分享自己的真实感受是化解负面情绪的一个好途径。"

论坛的主持人是来自中南财经政法大学的张雪兰老师。张老师于2005年在武汉大学获得市场营销博士学位。张老师的总结画龙点睛。她说:"三位老师的发言说明'**功不唐捐**'。胡适先生1932年在北京大学毕业典礼上的演讲中说:'**天下没有白费的努力**。'正是怀着这样的信念,三十多年来,从甘碧群老师到符国群老师、景奉杰老师,再到汪涛老师、黄静老师、黄敏学老师,一代又一代的师生们在读文献、学理论、广分享的循环往复中,在使命感与挫折感的交织中,在山重水复与柳暗花明的交替中,薪火相传、砥砺前行,这才汇聚成今日武汉大学营销学科的熠熠星光。"

"**强行者有志**"(《道德经》第三十三章),**天下无难事**。勤勉笃行,必有所成。研究如此,读博亦如此。**纵使有些论文"压箱底",焉知在我们看不到、想不到的角落,昔日的努力耕耘早已花开如海?**

2019 年 4 月 28 日

特别感谢:王峰,王丽丽,朱文婷,张雪兰,贾煜

1-18 彭城论道：
集体的力量推动我们前行

徐州仲夏，初荷未暑。2019 年 6 月 15 日，营销武工队迎来了第五次"家庭聚会"——一年一度的"论道"学术研讨会（见本书彩插图片 22）。中国矿业大学的牟宇鹏老师和王殿文老师花了半年多时间精心筹备。正值中国矿业大学庆祝建校 110 周年，我们的活动与管理学院镜湖营销青年学者论坛一起进行，管理学院院长陈红教授和营销科学系系主任丁志华教授对活动给予了大力支持。

16 位队员参加了本次研讨会，有几位是首次参加。正式活动的前一天下午，童泽林老师与我各做了一个主题报告；15 日上午，王丽丽老师、王新刚老师和肖莉老师分别做了主题报告，下午我们将论坛分为消费者行为以及营销战略与营销建模两个工作坊，以提高效率。

活动结束后，每人写了一段感想，有喜悦，也有忧愁。研究如此，生活亦是。我将大家的感想归纳为两方面，节录如下：

第一，学术路上相互扶持。

▶ 青年教师独立做研究，面临着诸多艰难和压力。**也许不是每个人都有禅宗六祖惠能"顿悟"的天分，但应当都可以通过"渐悟"进步**。研讨会让我感受到，营销武工队的队员们一直在一起前行，这让我深受鼓舞。

▶ 我们的研讨会没有繁文缛节，大家聚在一起，自由交流，感觉挺好。我发现其他队员的研究课题很有意思，也了解了一些新的研究领域和研究方法。**大家热火朝天的学术干劲，对我有一种同行压力和促进作用。**

▶ 学术研究从"形"到"意"的质变是一个悟道的过程，闭门造车只能学到"形"似，登"堂"入"室"深入切磋才得真"意"。对我来说，**得到高水平队员面对面的点评，是个很好的学习机会**。

▶ 营销武工队的学风勤奋而踏实。**一切成就都来自艰苦卓绝的持续努力**。印象尤深的是王丽丽师姐报告自己最近发表在 Journal of Consumer Research 上的论文——耗时五年，经历了痛苦的修改过程。

▶ **文献的积累和归纳是选题的基本**。读文献要读到哪种程度呢？我和我的学生们只是一篇一篇地读文献，但是王丽丽师姐在讲关于产品拟人化的文献时，给我们介绍了以三位学者为代表的三个派系，并详细介绍了每个派系的研究侧重点。这使我豁然开朗。

▶ 大家的分享让我发现自己的不成熟，小进步的积累也许会变成大进步，也可能一辈子都不会引发任何化学反应，但这不能成为自我否定和拖延的理由。**平和、快乐、坚持，才是科研之道**。

▶ 作为一名进入高校任教不到三年的"青椒"，面临着理想和现实的冲撞。我们都想做内心喜欢并且有影响力的研究，但现实是无法说服稿件评审人，评审周期和高校考核期也不是那么"友好"。通过与师兄师姐们的交流，**我对"干中学"的重要性有了新的理解。只有不断做好手头的事情，才可能朝自己的理想不断迈进**。这是一个朴素的道理。

▶ 从交流中既体会到学术研究的不易,也感受到大家勇往直前的坚守和毅力。不求短期内快速实现目标,**只求保持好奇和进步的初心。**

▶ 我从武汉大学毕业后,这是第一次参加营销武工队论道。大家无私地分享各自的投稿经验和研究设想。**中肯的建议总是让仿佛"山穷水尽"的研究"柳暗花明",焕发生机。**

▶ 分享完研究之后,谢志鹏凑到我跟前,对我说:"哎,这个好!"他提出几个新变量,将我提到的研究课题拓展成一个更棒的故事。我一听,顿时激动不已!我们打算合作开展这项研究。**三言两语可以擦出火花啊!**

▶ 大家分享的都是有血有肉、接地气的好研究。这让我觉得惭愧,因为在我被拒稿的文章里,研究的问题虽然看上去"高大上",但不接地气。我被大家的学术热情感染了。**要想写出一篇好的文章,除了理论的"顶天",还需要研究问题的"立地"。**

▶ 我们论道的目的不在于所谓的"个人秀",而是让大家去感受来自学术路上诸多学者的陪伴和鼓励,这种力量会支持我们每个人在学术道路上走得更加坚定、更加长远。

第二,人生路上守望相助。

▶ **漫漫学术路上相互扶持,遥遥人生路上守望相助,便不再觉得孤独。**看见大家依旧坚持不懈,时刻也不放松自己,我感到惭愧,更产生了久违了的紧迫感。时光易逝,我坚定了重拾科研的信念,先定个小目标,**以后每周至少抽出一天的时间来做研究。**

▶ 论道之余,大家都毫无保留地交流各自的境遇和心得,这有助于我规划未来可能的方向。尽管还有些许迷惘,但是迷雾似乎有了渐散的迹象。

▶ 学术路是自己的选择。工作了几年,面临瓶颈,比如家庭与科研的"时间争夺战"。此外,学生培养、单位事务等诸事夹杂在一起也分散了科研精力。**大家分享的经验,对我克服瓶颈、顺利进入下一个发展阶段至关重要。**

▶ 学术路不易。研究之外,工作与生活的烦恼都在与大家的恳谈中得以纾解。我们需要更多这类的交流。

▶ **台上学术演讲,台下学问人生。**由于各自所处环境和人生阶段不同,自然会面临不一样的问题,如家庭、事业、人际、健康等。大家在这里畅所欲言,走在前面的队员,可以帮助走在后面的队员,大家共同进步。

无论是"学术路上相互扶持",还是"人生路上守望相助",都体现了"有无相生""前后相随"(《道德经》第二章)。我对大家面对的压力感同身受。"混"学术圈,研究是基本要求,**从磕磕绊绊到家常便饭,再从家常便饭到乐在其中,是研究必经的三部曲**,我也是这么一路摸索过来的。很高兴我们有这么一个展示、共享、交心的平台,论道解惑,分享苦乐,摸索前行。

徐州因传说中800岁的彭祖而得名"彭城",彭祖是中国烹饪厨艺界的祖师。徐州的餐饮业发达,研讨会期间,我们品尝了不少美食。研讨会结束第二日是星期天,在离开之前,部分参会队员去附近的山东邹城孟子故里游学了半天(见本书彩插图片23)。可以说,**本次活动实现了"三好":学好,吃好,玩好。**

中国石油大学(青岛)的张音老师提出,明年的"论道"研讨会在青岛办,并取名"琅琊论道",大家拍手叫好。一届又一届的"论道"研讨会,见证了队员们的个人成长,也提高了这个集体的研究水平。

明年青岛见!

2019年6月23日

特别感谢:陈红,丁志华,刘满芝,江红艳,张红红,牟宇鹏,王殿文,肖莉,王丽丽,王新刚,童泽林,张音,冯小亮,廖俊云,彭璐珞,谢志鹏,张宁,冯文婷,郭昱琅,涂铭

1-19 有志者，事竟成

珞珈山的秋天，金桂飘香。2019年9月26日，第四届"智回母校——营销武工队珞珈山学术论坛"在武汉大学经济与管理学院举行（见本书彩插图片24）。三位队员分享了学术道路上的苦与乐。

"**千里之行，始于足下**。"（《道德经》第六十四章）他们都说，当年在武汉大学读书，匆匆几载，昔日的师长、住过的宿舍、每天走过的道路，乃至路边的一草一木，都是熟悉的回忆。回到母校，倍感亲切，觉得自己"归来仍是珞珈一少年"。

最后一句话是第一个发言的西交利物浦大学的潘黎老师说的。潘老师本科与硕士都就读于武汉大学，博士就读于上海交通大学，2014年毕业。潘老师分享的题目是"**在社会的洪流中自我探索**"。她获得硕士和博士学位后，分别在好几个行业工作过，担任过研究主任、客户经理、市场经理、策展人、人力资源经理，也创过业。

她说："人们都说：商场如战场。刚读博士时，我常常怀疑自己错过了真正的炮火和激动人心的人生，以至于不能安心做学问。一段时间后，我开始发现，学术高峰也是珠穆朗玛峰——高、难、有趣，艰难攀登，战胜抑郁，自己也可能到达山顶。一起攀登的是师长和学友，他们的话语里充满了学术见解和生活的真知灼见。抱着开放的态度，好奇地挖掘这些宝藏，可以使自己站在巨人的肩膀上成长。**看了风景，爬了高山，经历了'生死'，一个人会明白，教师的职业很神圣。无论做什么，吃饱了饭，都该多想想大家，让自己的事业（包括研究）有更多的社会担当。心中有爱，手里有'枪'，今天归来，仍是珞珈一少年**。"

第二个发言的是华中农业大学的池韵佳老师。池老师本科就读于武汉理工大学，硕士就读于香港中文大学，博士就读于武汉大学，2018年毕业。池老师分享的题目是"**研究是'磨'出来的**"。她对2015年在香港城市大学参加博士生夏令营期间的一件事"耿耿于怀"：第一次进行研究汇报前，她花了很多时间，准备了数十张PPT。令她意外的是，她才刚开口，我就问道："你研究的问题是什么？能否一句话讲清楚。"她一时反应不过来，觉得灰溜溜的。如今已经成长起来的池老师，一脸"坏笑"地告诉师弟师妹们，这就叫"**爱你的人往往'伤'你最深**"。这句话引来了一阵欢笑。"从那以后，我总问自己，能不能用一句话把自己的研究概括清楚？如果不能，说明还没想清楚。"

池老师接着谈了两点读博体会："第一，**不要害怕'被拍砖'**。刚读博士时，每一次自己的研究想法被老师和同学'拍砖'后，情绪都要低落一阵子。渐渐地，我懂得了**良药苦口、兼听则明**的道理。现在，我会为每一个研究想法、每一篇文章积极争取'被拍砖'的机会。那些被'拍'得更多的研究，往往可以做出更优秀的成果。第二，有时**'力求完美'**只是焦虑和拖延的借口。读博时，我经常想等到一个'完美'的研究想法后再向导师汇报，总是想再读读文献、再学学方法，之后再动笔写文章。现在看来，精雕细琢固然重要，但在研究的过程中，很多时候，完成比完美重要。"

第三个发言的是湖南工商大学的詹志方老师。詹老师本科就读于湖南城市学院，硕士就读于湖南师范大学，博士就读于武汉大学，2006 年毕业。詹老师有丰富的实践与教研经验。他分享的题目是"在一个方向上持续积累"。詹老师说："我讲课时，对学生们说，**在一个方向上持续积累，一定会产生巨大的力量**。当然，前提是这个方向是对的。刚开始时，持续很容易，但没什么力量。坚持到后来，**到了感觉无法持续的时候还依然坚持**，就有可能产生巨大的力量。这个力量什么时候能产生，以什么形式产生，不可预知。用复杂系统的理论来解释，就是：持续的功夫到了，这个结果就会'涌现'出来。当我们面对确切的结果时，坚持比较容易，但面对不确切的'涌现出来的结果'时，坚持就变得非常困难！事物的'**本质**'是由时间来决定的。举例来说，拿起水杯，把水倒进嘴里，短时间内咽下去，叫'喝水'；长时间这么干的话，比如两个小时一直这么喝，就不再是简单的'喝水'了，而是'艺术'——喝水的'行为艺术'；如果一辈子都坚持研究喝水，则应该叫'使命'。**有志者，事竟成**。"

詹老师说："**每个有成就的人，都经历过一个没有外人扶持、靠自己的信仰坚持走出自我的历程**。我们不妨把'在一个方向上持续积累'当作一种信仰，行于一事，莫问前程，静待花开！"

主持论坛的是华中科技大学的周元元老师。周老师在总结时说："三位老师的发言告诉我们，**要学会与'痛苦'和平共处**。我们常有种错觉，越过一个高坎后就是幸福美满。其实每个阶段都有这个阶段的不尽如人意之处。大家读博士，可能觉得自己'脑袋被门夹了，怎么把自己弄得这么痛苦'，因而急匆匆地想要逃离。但是，越着急越容易产生焦虑。**与其让自己读博期间沉浸于悲伤之中，不如把更多的精力放在做好一件一件的事情上**。当回眸过往，所有曾经的'痛苦'终将会过去。"

几位老师都是"过来人"，他们的真切分享，无论是"心酸过往"还是"成功秘籍"，应该都可以帮助论坛的参与者们"更上一层楼"。

2019 年 10 月 1 日

特别感谢：潘黎，池韵佳，詹志方，周元元，龚宇，余利琴

1-20　因为相信，所以发奋，终见曙光

2018 年 JMS 中国营销科学学术年会暨博士生论坛在深圳大学召开。中山大学的陈增祥老师组织了一场"青年教师读博心得分享会"（见本书彩插图片 25）。来自清华大学、浙江大学、上海财经大学、中山大学与香港大学的八位青年教师应邀参加了此次活动，并按领域分为消费者行为、营销战略与营销计量三组。由于分享会在晚上举行，加之许多同学是第一次来到深圳，因此组织者们未免担心他们会去观赏夜景，没有多少人出席。但出乎意料的是，许多博士生和硕士生早早就出现在会场"抢座位"了。两个小时的分享会，自始至终气氛热烈，互动踊跃。会后，青年教师们应我的提议，各自写了 200 字的心得，由我整理成这篇短文，简要回顾分享会的内容。这样，没有参加活动的博士生也能知道分享的内容，获得启发和帮助。

八位青年教师的心得，**关乎读博之"高下"和"难易"**，精彩纷呈，各有侧重，想串成一篇文章不容易。思来想去，只能按照自己的理解，整理成四个密切相关的方面：**幸有"师傅"指路，更靠自己觉悟，争取读书万卷，更要行路万里。居中为吉**，我将以上四个方面画到一张图里，用两位青年教师的一个说法将其关联起来。"读博是一个非常辛苦、比较孤独的过程，要学会平衡学习与生活"；"读博本质上是一份工作，**而工作只是生活的一部分，我认为在努力工作的同时也要适时地享受生活**。"图的外圆表示"读博"，内圆表示"平衡"。

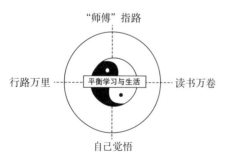

读博之"高下"和"难易"

幸有"师傅"指路。志趣相投，志同道合。分享会上，青年教师们提到最多的是自己的导师。例如，"导师不单单教我做研究，还帮助我提高学习的信心，并给我各种支持以缓解我读博期间的压力"，因此，"与导师相处十分重要"。"除了跟随一位好的导师，加入一个好的研究团队与学术网络，也极为重要。""一个氛围良好的研究团队，不仅是科研产出的助推剂，也可以使团队成员保持更好的精神状态。""我庆幸自己加入了一个好的研究团队，和老师以及同学们互相学习、互相鼓励，协同共进。"

更靠自己觉悟。师傅领进门，修行靠个人。"在和导师的交流中要摆正心态，博士生

不能期待导师的各种呵护和帮扶，更多的是要找到自己的研究方向，同时也要找到自己研究的意义，**学会独立**。通过做好的研究，把自己营销出去，就像企业把产品营销出去一样。""我很幸运，有很好的老师启发我，让我'看穿'一些看似必然的现象，还设法'创造'出一些新的知识。""博士在读期间，要不断加强批判性思维的培养，将其融入自己日常的课程学习和学术研讨当中。**明确自己不再只是一个被动的知识接受者，而是一位主动探索新知的学者**。对于批判性思维的训练以及身份转换的认识，也有利于寻找自己真正感兴趣的研究方向，而不是被所谓的学术热点牵着鼻子走。""当研究与导师的研究方向不直接相关的课题时，在清楚自己的立论与逻辑推理能够自洽的基础上，不妨大胆尝试用数据来论证自己的研究假设。""在研究过程中，难免会遇到困难与挫折，这都是学术道路上再正常不过的了，要学会从问题和失败中学习与成长。"

争取读书万卷。"研究方向可以源自导师的研究领域，源自理论，或源自生活。""研究问题最好能用一句简单的话来概括，识别出具体待研究的自变量以及因变量，明确该问题的理论价值与现实意义。要带着自己的想法去积极跟导师沟通，充分借用导师的理论功底和经验判断。""我归纳了一个'三元学习论'：**学习基础理论**，包括学习'什么是科学/理论''如何构建理论/判断理论是否有创新''如何进行写作/论文评审'等；**学习研究方法**，希望做到'精通一种方法，了解多种方法'；**学习交叉理论**，既有自己研究领域的理论，也有其他相关学科的理论，'他山之石，可以攻玉'，理论的创新往往来自'他山之石'。"

更要行路万里。"除了参加院里和系里组织的学术报告，还一定要多参加学术会议，尽最大可能了解学术研究的最新进展或'前沿研究'。""读博期间，应该和校内外同辈的博士生们多交流。同辈之间更能了解彼此面对的困难，能够互相帮助，而且更容易产生合作的机会，毕业以后或许能够建立合作平台，相互激发研究活力。""在凝练研究问题的过程中，**对于源自生活的研究想法，要学着培养透过现象看本质的能力，明确待研究的现象是否能为现有理论所解释，是否能够拓展现有理论，甚至突破或颠覆现有理论**。"

因为发奋，终成"正果"。"那几年，我一直挣扎于'找现象'与'找理论'的两难当中。很高兴，自己已经**从一个知识的接受者慢慢变成新知识的发现者和创造者**。""博士生涯的状态有些介于学习和工作之间，身份是学生，可以享受校园生活的简单宽松，但又不可避免地会比本科生考虑更多的现实问题。我觉得，自己能毕业是因为学会将后者带来的压力转变成在研究上的动力，最终做出较好的研究成果，顺利找到理想的工作。"

老子说："**高下相倾，难易相成**。"（《道德经》第二章）这些青年教师们真切、诚恳的分享，让我感受到他们前进的每一步都饱浸着汗水，有艰难，有苦乐。我很高兴看到他们已经进入事业的新阶段，**希望他们继续获得知识，修炼人生，创造思想**。

向往光明，心想事成。

2018 年 11 月 25 日

特别感谢：陈增祥，龚晗，关文晶，梁屹天，黄仲强，孙琦，孙怡夏，田鼎

1-21　读博不容易，明早就毕业？（一）

2018年JMS中国营销科学学术年会暨博士生论坛（以下简称"年会"）由深圳大学市场营销系承办。10月27日，在欢迎晚宴上，系里的老师们挨桌与参会的老师和学生们碰杯。十多年前，年会举办早期，参会的老师比学生多，我认识大多数与我碰杯的人；可现在，参会的学生不比老师少，与我碰杯的人，我认识的越来越少。**学生们的面孔虽然陌生，但每个都流露出强烈的求知欲。我很好奇，他们在学术上有什么疑惑与困难？我能提供一些小帮助吗？**

晚宴后，我拉上海南大学的童泽林老师，与11个博士生座谈了一个小时左右。他们当中，两人博一，七人博二，两人博四；十人来自内地，一人来自香港；十人是中国高等院校市场营销学博士生联合会（以下简称"营销博联会"）第二届理事会的理事。"营销博联会"成立于2016年7月，是中国高等院校市场学研究会的二级机构，是一个由全国各高等院校市场营销专业或方向的在读博士生自愿组成的非营利组织，致力于促进营销专业的博士生之间的交流、探索人才培养的方法和加快学术水平的提高。

我们请他们每人提一个他们当下"最困惑"的问题。他们的问题与我和童老师的回答都很"开门见山"。**五个同学的问题与转专业读博有关，一个与研究选题有关，四个与论文发表有关，一个与保持研究热情有关。**他们的问题具有一定的代表性。我和童老师希望，我们的简短回答不仅对他们小有帮助，对其他同学，包括其他学科的博士生与硕士生，也有些许帮助。

以下是他们提的问题与我们的简短回答。

同学1：我的**学科背景和教学工作都不是营销，"半路出家"读营销专业的博士，觉得入门很难，读了大量文献，但一直找不到切入点。要怎么学才能更快地融入营销研究的思维，形成自身的研究优势？**

周：这好比行山。先前的这座山，你已经到达半山腰，现在要去另一座山。怎么才能事半功倍？当然是想办法"借道"过去。"**强行者有志，不失其所者久。**"（《道德经》第三十三章）（努力不懈是有志气，但要不离失根基才能长久。）**不要放弃已有的积累，而是要把以前学过的知识好好应用起来**，不然你会怀疑前面读硕士时学的东西都白学了。学科交叉与融合是学术研究的趋势，你硕士所学的专业好多人都不懂，这将成为你的优势，这是多么好的一件事！

同学2：我也是跨专业转过来的，工作过几年，有孩子，现在全职读博。关于**怎么处理家庭和学业的关系，我很矛盾。**

周:"大龄"博士生,难能可贵,坚持就是胜利。我们给你加油!(鼓掌)三十多年前,我开始读博时32岁,也是大龄,也有家庭和孩子。回过头来看,年纪大一些,社会阅历多,在学术研究上应该有优势。当然,现在时代不同,培养模式也有变化。年纪小一点的同学的英文可能比你好,读文献比你快,你不要跟他们"拼"这些,但**要争取早日发表论文,早日毕业,对家庭有一个交代**。你手上有《登山观海:146位管理学研究者的求索心路》那本书吗?看看王进老师写的那一篇。他39岁到武汉大学读博,对妻子和孩子们的亏欠成为他最大的学习动力,他也时刻记得,该回家看看时一定回家。四年后,他毕业时,比他小十几岁的同学们都很佩服他。

同学3:我也跨了专业,家里也有孩子。**应该咬紧牙关跟自己"死磕",争取三年毕业,还是不要管其他人的节奏,稍微慢一点**?

周:**越早毕业越好**。现在中小学的考题经常很难,表面是考孩子,其实是考家长,题目刁钻,经常需要家长辅导孩子做功课。孩子越大,越需要你的关注。当年,我的导师说:"希望你们早日毕业。毕业了,才可以过正常人的生活。"他说得对!结果,我三年就毕业了,而我的很多美国同学用了更长的时间才毕业。因为我在国内学的专业是土木工程,所以我按照工程管理的办法,给我的博士生涯做了一个项目评估和回顾计划(Project Evaluation and Review Technique, PERT),设计出一个流程表,标明任务与起始时间,然后咬牙去完成每一项任务,最后如期"完工"。

同学4:我转到营销专业,跨度也很大。参加这次会议,还有今年7月份在昆明召开的中国高等院校市场学研究会学术年会,听到**好多概念、好多方法,但我都听不太懂**。我该怎么办?

周:你**不懂什么,就补什么**!我获得博士学位后求职,我读硕士时的导师给我写的推荐信里说道:"记得他读MBA时,总是带着一本厚厚的字典。不懂的单词,他马上就查。"我到今天还有这个习惯,只是不再查字典,而是上网查。等我们再见面时,相信你已经"过关了"。

同学5:我也转了专业。我希望能够把博士课程作业写成论文发表,然而课程导师无法提供更多的指导,我投稿多次都被拒了。此外,**我的研究兴趣比较多,希望每个项目都得到指导**,我该怎么办?

周:昨天,杨海滨老师在博士生论坛上作报告时说,他评上副教授的论文全都是读博时开始写的,因此建议大家读博期间就争取完成几个高质量的研究项目。发表论文需要自己多努力。我读博时,导师对我很好,但我研究的是中国问题,他不了解,我只能靠自己,同时**向了解中国的老师请教**,也就是说要充分利用资源。还有,最好能找同学合作,互相鼓励,一起进步。

童:请导师把握课题的研究方向和高度,具体实施过程可以找其他老师指导,包括找年轻的讲师、副教授。因为他们大都博士刚毕业,自身也有发表论文的压力,也愿意与更多的博士生合作。通过这样的合作,可以尝试自己感兴趣的研究课题,也可以在多位老师的帮助下,更好地保证论文的撰写质量和学术水平,提高论文发表的可能性。这是一个多赢的做法。

2018年11月20日

特别感谢:陈娟,丰超,葛佳烨,李伟,舒丽芳,童泽林,王欣,王正荣,杨诗源,郑付成,张志坤,韦宇

1-22　读博不容易，明早就毕业？（二）

同学6：我觉得，做研究，要做到有原创性很难！相比之下，加工半成品更容易。**我进步太慢了。**

周：你用很高的标准在挑战自己吗？（不是，我就是进步很慢。）你属什么？（我属马。）你这个回答，就是答案。是骡子是马，拉出来遛遛就知道了。（大家大笑）**不要追求完美，先做自己能做的！不要像蚂蚁那样爬行，而要像猎狗那样奔跑。**

同学7：在我所在的领域，研究已经很饱和，很难有拓展的空间。我想问问老师，**怎么才能发现一些新东西来研究？**

周：你工作过吗？（没有。）不能闭门造车，**许多最值得研究的东西都不在书本上，要到企业中去了解。**企业界在相当多方面跑在学术界前面，你看看企业遇到了什么问题，选择一些，做力所能及的研究。还有，多看报纸、电视、财经杂志，也能从中发现企业天天遇到的各种各样的问题。**在我的眼中，遍地都是研究机会。**

同学8：昨天的博士生论坛，有个环节是高校青年教师分享读博心得。他们建议同时写几篇论文，同时推进不同的项目。之前我写中文论文的时候，可以两三篇同时进行，但现在写英文论文的话，很难同时写几篇。**我手头至少有三篇英文论文可以写。该怎么办？**

周：英文不是我们的母语，所以最能干的人用英文与别人对话时都可能结结巴巴。听过下面这个故事吗？一个小男孩看见瓶子里有很多水果糖，就想一把都抓出来，结果他把手伸进去，却一个也拿不出来。等你把三篇论文都写好了，可能三年已经过去了。**最好把你最有把握的那一篇写出来，尽快投出去。**早点毕业，早点找到工作，早点成家。（大家大笑）

同学9：我大概还剩三年多的学习时间，**我想发表最高水平的论文。**因为我觉得，毕业找工作时，论文非常重要。我比较进取，**但对能不能做到没有把握。**

周：我偏保守。"小心驶得万年船。"如果只想着顶级期刊，到时候研究成果能否全都发表，确实没有把握。**一定也要有一些准备投给其他期刊的研究成果。**不然，三年后，你不一定能毕业，也可能没有找工作时需要的论文。

同学10：我刚开始读博。论文是应该**投国内还是国外的期刊呢？**我觉得它们各有利弊。

周：利弊都在哪里呢？你觉得自己的本事在哪里呢？（自己还没有发表论文的水

平。）做事有时事倍功半，有时事半功倍。要有大目标，也要脚踏实地。**跟着游戏规则走，做你最拿手的研究，尽快达到毕业要求。**

同学 11：昨天晚上听了毕业于境外高校的优秀青年教师的经验分享，我感觉自己像在读"假博士"，决心要向他们学习。今天整个人像被打满了"鸡血"！我的问题是：**怎么持续保持亢奋的状态**？

周：我参与组织过几届博士生论坛，认识他们当中的一两个，知道他们当年读博并不容易。他们分享经历是为了鼓舞你们，给你们增添正能量。他们看上去"风光"，其实现在面临的困难不比你们小。你们读博是上小山，他们现在在上更高的山，他们比你们更难。眼下，社会的一个大问题是鼓励短视，做自己觉得有意思的事。其实，有意思的事往往是短暂的，过一阵可能就变得没有意思了。生命的价值在于做有意义的事。不能只看眼前，不然过几天风向变了，兴趣也跟着变了。**人生要不停地去想什么是有意义的，这样才能保持热情。**这是我自己至今最重要的体会之一。童老师只比你们早毕业几年，跟你们的情况更接近，请他讲讲他的经验。

童：我当时碰到的一个大困难是，课堂上老师和同学们讨论的大多数问题，我都听不懂。好在武汉大学的博士生之间没有师门之分，课后**我与同学们天天一起讨论，一起吃饭、锻炼，大家每天互相鼓励，一起流泪，一起扛过去。**久而久之，我渐渐开始懂了一点儿。

周：我听说你们还一起"斗地主"，输了就往鼻子上贴纸条。

童：输了的，是要计分的！积攒一段时间，大家按照分数凑钱，一起去吃饭。无形之中，我们增进了友谊，也促进了彼此之间的交流和学习。不过，我经常是输得最多的那一个。（笑）**读博有苦有乐，要设法营造快乐的氛围。**

周：今晚本来只是想跟大家坐坐，没想到聊了这么久。感谢大家！希望大家珍惜时间，好好学习，未来一定是美好的。**再过几个钟头，天就亮了，祝你们明天早上都毕业！**

整个交流过程轻松愉快，我们合影以后，座谈就结束了（见本书彩插图片26）。当天夜里，我给他们发去一篇我写的短文——《博士二年级最痛苦》，供他们参考。

第二天，我收到他们当中陈娟同学的微信。她说："当周老师说'祝你们明天早上都毕业'时，我觉得那是一句不可能实现的玩笑话，但我现在仿佛有些明白了。**我们毕业的那一天，大概就是'明天早上'吧！**"

几天后，童老师建议找其他老师指导的那个学生发来微信，说他已经开始与一位青年教师合作了。

老子说："上士闻道，勤而行之。"（《道德经》第四十一章）**读博不容易，虽然短期内不容易看到成果，但不等于没有成长，只要继续努力，一定会成功的。**

年会前，营销博联会理事长丰超同学以博联会的名义邀请我在他们的微信公众号上开辟随笔专栏，支持他们的发展。博联会是中国营销学科未来的一个代表。我会从我以前写的文章中挑出一些，供他们选用，这一篇则是专为公众号写的。我希望很快有其他老师加入我的队伍。

2018 年 11 月 20 日

特别感谢：陈娟，丰超，葛佳烨，李伟，舒丽芳，童泽林，王欣，王正荣，杨诗源，郑付成，张志坤，韦宇

1-23 登山何尝易，读博未必难

为了履行四年前的一个承诺，农历戊戌年（狗年）十月初十，我赴外地参加了一场婚礼。

新娘是我在香港城市大学（以下简称"城大"）工作时的一个学生。五年前，她到城大读博士。某天上午，她来见我，满脸困惑和焦虑之色。她说，自己学习非常用功，但不得法，进展慢，**"担心毕不了业"**。我回答说："我不是你的导师，这个问题我回答不了。""但是，"我接着说，"**读博就像登山，先要下定决心，然后持续努力**。我经常和学生们一起登山。今天下午，我们将去学校的'后山'——笔架山。不然你一同去？"她答应了。

从城大校园可以清晰地看到笔架山。集合时，我告诉她，城大广场回旋处海拔大约40米，而笔架山海拔458米，两者相差100多层楼的高度。

一如往常，大家一边登山一边聊天。我对她说，虽然笔架山就在学校附近，但知道上山路径的人并不多。有些人想上山却找不到入口，应该是因为登山的决心不够坚定；有些人虽然找到了入口，但不久之后却因道路渐陡而心生退意，还没到半山，心里便打起了退堂鼓；还有一些人，行至山的深处时，因为有"很长"一段时间看不到山顶而心生疑虑，转头下山，其实，若坚持前行，不久便能登顶。读博士也如此，遇到困难时，**咬牙坚持，胜利在望**。

一个多小时后，我们到达了山顶的最佳观景点（见本书彩插图片27）。她说，自己在一个平原城市出生、长大，第一次登笔架山，想不到竟然成功了，"有点儿激动"。我提议大家为她鼓掌，跟她握手，向她表示祝贺！

后来，我们又一起登过很多次笔架山，她的学习也慢慢上了轨道。

一年后，她的父母来香港看她。她带他们来见我。他们问我："我们的女儿**何时可以毕业**？"我回答说："我不是她的导师，具体情况我不了解。"我邀请他们去登笔架山，一来可以观赏美景，二来可以走一趟女儿常走的路。我们四人，轻装前行。她担心父母不常运动，登山速度会比较慢。但是，一路上，她的父母说，路不算很陡，山中的风景也很美。也是一个多小时后，我们到了最佳观景点。此处视野开阔，海天相接，不仅可眺望对面的香港岛，还可看到西边通往澳门的海域。他们感叹，过去望山生畏，今日方体会到，**若想饱览好风光，唯有克服畏惧，大胆登临。**

下山的路上，我对他们说，首先，他们的女儿基础好，本科就读的是内地最好的高校之一，"基础"的"基"与"基因"的"基"是同一个字，换句话说，她读博士的"基因"不错；其次，她虽然平时话不多，但很勤奋，**只要功夫深，铁杵磨成针；**再次，她的两位导师都是优秀的学者，在培养学生方面很下功夫，这是她可以读完博士的保障之一；最后，至于具体的毕业时间，**还要看研究成果，运气有时也很关键。**我承诺，等他们的女儿成家时，如果时间允许，我一定会去参加婚礼。

几年时间，转瞬即逝。去年 5 月，我主持了这个学生的毕业答辩，她的父母在现场旁听，她顺利通过了答辩。

毕业后，她回到故乡，并在本科时就读的高校任教。不久之后，她与邻校的一位教师相识、恋爱，情定终身。

婚礼上，我又见到她的父母时，我们都由衷地为她高兴，**读博、成家，在关键点上，平顺无碍，心想事成。**不知何故，她与她的父母都不约而同地谈起在香港登笔架山的经历。她的父亲说，**登山不仅是一种运动，更是一种探索精神。**她的母亲说，当时听我说会来参加婚礼，以为只是一颗"宽心丸"；回过头来看，那更像是一颗"定心丸"。

老子说："**天下难事，必作于易。**"（《道德经》第六十三章）我想，对于当年的这个学生来说，读博当属"难"，登笔架山当为"易"。但若无持之以恒的勇气，登山何尝易？**若有一种破釜沉舟、志在必得的精神和毅力，读博又有何难？**从登笔架山的小小成就起步，她一步一步地克服了困难，顺利毕业。

如今，她已成家，下一步则要立业。她还有很多"山"要"登"。我依然会为她加油、鼓劲。

写到这里，不禁**想起了曾与我一起登过笔架山的学生们。借此机会，感谢你们与我一同登山，一同探索学问和生命之道。无论你们在哪里，在做什么，希望登山的精神永远伴你们前行！**

2018 年 11 月 20 日

1-24　放眼世界，立足当地，融入生活

2018年10月，JMS中国营销科学学术年会暨博士生论坛在深圳大学举办。在开幕式上，清华大学的赵平教授（《营销科学学报》创刊主编）、新西兰梅西大学的哈罗德·范·赫德（Harald van Heerde）教授（*Journal of Marketing* 联合主编）、南京大学的翟学伟教授（著名社会心理学者）先后发表了主题演讲。

他们演讲后，根据大会执行主席周志民教授的安排，我与他们进行了一场学术对话（见本书彩插图片28）。我们没有预先拟定提纲，完全是自由发挥。

后来，翻看年会志愿者发给我的对话记录时，我发现把三位嘉宾对话的重点结合起来，竟与我十多年前的一个想法不谋而合。

经济全球化的今天，许多企业相信，要在市场上成功，必须同时关注全球与当地，"Think Global, Act Local"，一高一低，分别代表"天"与"地"。这是源于英文的说法，没有"标准"的中文翻译，有人说是"思考全球化，行动本土化"。我在香港城市大学教高级管理人员工商管理硕士（EMBA）课程时，觉得这个说法不完整，便加了第三部分，变成"**Think Global, Act Local, Live Native**"。用中文或许可以表述为"**放眼世界，立足当地，融入生活**"，分别代表"天""地""人"三个层次（见本书彩插图片29）。结合品牌经营，从平面看，"人"是品牌的核心，应以人为本；从立体看，一个顶天立地的品牌，应以人心通天达地。**"目中无人"的品牌不可能成功**。试想一下，一家企业的外派总经理若只懂得问候语或搭乘出租车的用语，他能对那个国家特有的人情世故与营商"关系"有深刻的了解吗？

我对对话内容进行了梳理、缩减，整理成这篇短文。赵老师的发言可印证"放眼世界"，赫德教授的发言可印证"立足当地"，翟老师的发言可印证"融入生活"。为了确保没有偏离他们的原意，以下内容已经赵老师、陈星宇老师（赫德教授的现场翻译）和翟老师核实。

周：我佩服赵老师。用中国人的说法，他站得高，看得远，做了营销学界一件"开天辟地"的大事，创办了一本中国市场营销的学术期刊——《营销科学学报》（*Journal of Marketing Science*，JMS）。"**合抱之木，生于毫末；九层之台，起于累土；千里之行，始于足下。**"（《道德经》第六十四章）"合抱之木"是今天中国营销学界的繁荣景象，"九层之台"指站得高，"千里之行"是看得远。感谢赵老师，你带领我们起步，JMS办到今天，我们从文化自觉过渡到文化自信。你对后辈学者有什么样的期望？

赵：我对他们抱有很高的期望。这和我们那一代的中国营销学者的期望是一致的。我们希望中国的营销学界能够尽快走到世界的前列。这是我们的梦想。15年前，包括我在内，我们的一批营销学者一起建立了这样一个平台，希望为我们的学生、学生的学生，开辟出一条通路。**我们要继续一起瞄准世界，推动中国营销学界的发展**。如果

没有这一批老一辈的营销学者，就绝对不会有今天中国营销学界的繁荣景象。我应该在这儿谢谢大家！我给大家鞠个躬。

周：赫德教授，我们现在的学术评价体系有个大问题，即非要把文章发到外国的尤其是英文的刊物上才叫好，才"高人一等"。这些刊物，像是人家家里或院里的圣诞树。难道我们做的研究一定要挂在人家的圣诞树上，任他们品头论足，说这个好，那个不好？外国学术期刊的评审专家对中国的现状，大多只有走马观花般的认识。由他们来评审我们的文章会出现什么问题呢？你对我们以后更好地做接地气的、中国人所喜闻乐见的、有意义的研究有什么建议呢？

赫德：国际主流刊物大部分扎根于美国。但是，如果说这些期刊对来自其他国家的研究持不开放的态度，则是个误解。我相信，情况正在慢慢地变化。过去几年，我担任几个国际刊物的副主编。这些**国际刊物都有兴趣并愿意发表来自正在快速发展的中国和其他国家的稿件**。这两天在深圳的商店，我看到一些很有意思的、本地特有的现象。通过研究，记录和对比不同地域的人思维方式的差异很重要。这些研究必须有理论贡献，方法要严谨，还要与广泛的读者建立关联。

周：最后一个问题留给翟老师。在营销学界，我们研究消费者行为的每一位学者，都读过翟老师的书。翟老师写的东西很深刻，我们也非常喜欢他刚才演讲时的幽默感。想问翟老师的是，你认为**为什么张艺谋很多年前拍的那些电影，比如说《红高粱》，可以传世，但是现在拍的"大片"却不能？**

翟：曾经有一段时间，中国从国家到人民，被外界关注的程度是不够的。中国崛起了，在世界上的地位日渐提高，才引起关注。当我们把重要的东西拿给别人看时，是介绍完整的东西，还是只给他们想看的那部分，是不一样的。从电影回到学术。**说好中国故事，做好中国研究，不是为了迎合西方人的口味，而是要研究中国的真问题，这非常重要，对学者的要求也很高**。香港理工大学的一位教授曾经同时请我与中国社会科学院的一位学者去访问一个月。那位学者每天在工作室读书、写东西。他非常惊讶，除了晚上 11 点能见到我，早晨醒来以后就发现我不见了。他问我："你每天都在哪里？"我说："在马路上逛啊！"他说："人家请你来，你怎么能这样呢！"于是，他到邀请我们来的教授那里告了我一状，说："你请来的南京大学的学者不像话，我天天在工作，他天天在玩。"那位香港教授回答说："他能玩，你不能玩，他出去一趟就是一篇论文呐！"意思是，他知道我写论文喜欢从观察生活中获得灵感，而不是从书堆里获得灵感。做学者，**从生活里面感受世界远比每天趴在那里啃书更重要**。你要走进商场，看看大家是怎么购物的；游客有纠纷时，看看香港人是怎么处理的，我们又是怎么处理的。**从生活中去寻找学术的研究问题，而不是非要在字里行间寻找研究问题。有生活阅历的学者和只读"死书"的学者，做起研究来大不一样。**

周：翟老师刚刚的建议很好。但是，我要提醒博士生们，今天下午要开会，不要去逛街。真去逛的时候，请带上我，因为我也对街上的人在做什么感兴趣。你们都知道，我是在美国接受过教育的知识分子，很多人认识我的老师——后脑勺留有一根小辫子的白乐寿（Russell W. Belk）教授。他说我是个好学生，并不是因为我"继承"了他的"衣钵"，而是因为我关注中国问题。这就是刚才翟老师说的，讲中国故事；也是赵老师说的，研究中国品牌对世界的价值；同时还是赫德教授说的，不仅关注中国，也考虑世界。

2019 年 1 月 21 日

特别感谢：赵平，哈罗德·范·赫德，翟学伟，陈星宇，俞广勇

1-25 赠人玫瑰，手有余香：
市场全球化背景下如何应对文化差异？

在与深圳大学的一些学生讨论如何应对市场全球化背景下的文化差异前，我读了知名画家蒋勋的《美，看不见的竞争力》（蒋勋著，北京：中信出版社，2011年）。这本书给了我不少启发。

蒋先生提到，在准备给学生讲"美的起源"时，想找一个"共通"的东西作为定位，结果找到了"花"。**所有的族群都可以从花里看到自己的生命状态，无论面对的是生、老、病、死中的哪一方面，花都有其象征意义**。例如，"昙花一现"，虽然昙花只绽放数个小时，但观赏者都赞其娇美，为之叹息，乃至痛惜、感伤，因为赏花人仿佛从中看到自己的生命由生向死的过程。

蒋先生指出，**在选择象征自身的花时，不同族群的选择不同，次族群也各有选择。随着时代的更迭，选择也可能改变**。例如，樱花代表大和民族对生命的认知，盛开时绚烂无比，可惜花期很短，象征生命的灿烂和短暂。在中国历史上，唐朝人普遍认为牡丹是花中之王，象征着富贵吉祥、幸福安康。我们可以从辽宁省博物馆收藏的周昉的名作《簪花仕女图》中看到，贵族妇女的发髻上簪着一朵硕大艳丽的牡丹。自宋以降，外族入侵加剧，汉人屡被压制，许多画家开始将注意力转向"凌寒独自开"的梅花，用以象征汉人在艰难环境中顽强的生命力。台北故宫博物院收藏的元朝画家王冕的名作《南枝春早图》即是一例。今年，中国花卉协会曾向公众征求国花意向，排名前五位的为牡丹（79.71%）、梅花（12.30%）、兰花（2.48%）、荷花（1.89%）和菊花（0.96%），这些都是中华大地上历朝历代曾经具有鲜明象征意义的花。

国有国花，各个城市和地区也有其象征之花。以我居住了25年的香港为例，其市花是洋紫荆，象征中西文化的交汇融通。一河之隔的深圳，其市花是簕杜鹃（又名三角梅等），粗生易长、花期长，象征其无限的生命力和创造力。而隔海相望的澳门，其市花是莲花，那是源于澳门形似含苞之莲，史称"莲岛"，莲花因此渐渐成为澳门居民最喜爱的花卉。

很显然，对于象征之花的不同选择，源于其背后的文化差异。那么，这与市场上的文化差异又有何关联呢？

若干年前，我在香港城市大学教EMBA课程时，曾提出一个观点：**对于想成为世界名牌的品牌而言，如果仅仅按照"Think Global, Act Local"去实践是不够的，还要采纳一个更加全面的理念，即"Think Global, Act Local, Live Native"**（放眼世界，立足当地，融入生活）。这与中国古代哲学家孟子"天时不如地利，地利不如人和"的思想是一致的。想在全球市场上左右逢源，"放眼世界"（借天时，进入市场）与"立足当地"（求地利，入乡随俗）不过是"接地气"，"融入生活"（达人和，深入人心）才是真正地"扎根"，也才可能获得持久的成功。

举例而言，数年前，在非洲的手机市场上，几个国际著名品牌推出了单卡高端智能手机，并着力宣传其丰富的产品功能。这些手机都面临着同一个难题：跨网络通话费用高昂。用户为了降低费用，往往需要准备多张手机卡轮换使用。来自中国的手机品牌传音科技［Tecno，现为传音控股（Transsion Holdings）］找准症结，另辟蹊径，推出多卡槽中低端手机，以此迅速打开销路，提升了品牌知名度，可算是占足了天时地利。为了得到非洲消费者的持续支持，传音科技再出奇招，针对当地用户的拍照难题，创新产品功能。市面上常见的智能手机都有拍照功能，但由于非洲人肤色较深，不容易与背景区分开来，因此拍照效果不甚理想。传音科技研发了基于眼睛和牙齿定位、加强曝光功能的手机，帮助消费者拍出令其满意的照片。由于贴近消费者需求，传音科技成为非洲手机市场上的"国民手机"品牌。据其公司网页介绍，2018年传音手机出货量为1.24亿部，国际数据公司IDC的统计数据显示，按照销量，其在全球手机品牌厂商中排名第四，在非洲的市场总份额中排名第一。可见，**"融入生活"的本质是贴近用户，将其"痛点"变为"笑点"**。

最近，我为北京工商大学张景云教授的新书《中国品牌全球化：理论建构与案例研究》写序。张老师指出，**中国品牌在跨文化传播中，要想克服文化差异，需要解决心理距离问题，而心理距离需要通过具体的产品或服务信息去调适**。书中列举了对九个国际化品牌跨文化传播的调研结果，全聚德是其中一例。全聚德海外门店采用"全聚德"统一牌匾，餐桌椅均为中国传统木制桌椅，服务人员着中国传统服装，以突显中国传统文化；为海外消费者提供的菜品除了传统的烤鸭及各种北京特色菜品，如豌豆黄、鸭丁冬菜包等，还包括鲁菜、川菜等菜系，以展示中国博大精深的饮食文化。但在菜品的制作与口味方面，则根据当地消费文化特点与饮食习惯加以调整。比如，日本消费者偏爱清淡口味，全聚德东京店的烤鸭就加长了烤制时间，降低油腻度，很受当地消费者欢迎；澳大利亚消费者习惯于分食，全聚德就放弃传统的上菜方式，采用一人一份的分餐制。我在香港城市大学工作时的同事董婥媽教授最近去澳大利亚访学，她在悉尼看到，全聚德不仅为客人们提供美食，还表演茶艺，很多当地人对长长的茶壶铜嘴很感兴趣，赞不绝口。

商情就是民情。如果把买卖双方比作买卖花的人，把各自的文化比作花，那么"物美价廉"就是非洲手机市场喜闻乐见的花，"清新淡雅"即为日本食客津津乐道的花，而茶艺表演则为澳大利亚的顾客"锦上添花"。**"卖花人"既要"文化彰显"（"走出去"），更要"文化迎合"（"走进去"），如此，买卖双方才能皆大欢喜**。

中国有句俗语：赠人玫瑰，手有余香。**在全球化的市场中，读懂顾客的"花语"，找准对方心中最美的"玫瑰"，必然会留给商家利润与品牌价值提升的"余香"**。卖点和买点结合，"有无相生"（《道德经》第二章），"玫瑰"更"美"，"手"也更"香"。

以"花"为媒，放眼世界，立足当地，融入生活。

深入人心，美，也是看得见的竞争力！

我想，这堂课就从这里讲起吧！

2019年11月3日

特别感谢：张景云，董婥媽

第二部分

忆游历

2-1 母教一人，不言之教

南宋政治家文天祥曾说："孔曰成仁，孟曰取义，惟其义尽，所以仁至。"这个说法论述了孔孟思想各自的侧重点与内在关系。

孔子（前551—前479），春秋时期鲁国陬邑（今山东曲阜）人，思想家、教育家，儒家学派创始人。"仁"是一种含义广泛的道德观念或原则，核心是"爱人"。

孟子（前372—前289），战国时期邹国（今山东济宁邹城）人，继承并发扬了孔子的思想与学说，成为仅次于孔子的一代儒家宗师。"义"指按照正义或道德规范的要求，做"正确的事"。

古人尊称孔子为"圣"、孟子为"亚圣"，合称"孔孟"。他们的思想合称"孔孟之道"。

参观山东邹城的孟庙和孟府后，我有种感觉，孟子成为"亚圣"，是因为继承了孔子的思想，而"取义"，则与他母亲的教育密不可分——**孟母对孟子"义尽"，使得"取义"成为孟子思想的核心。**

孟庙中碑石林立，大大小小的碑刻共两百多块，内容有历代皇帝封赠圣旨、文人墨客诗词等，有的立于碑亭下，有的被围于栏杆中。我印象最深的是供奉孟母牌位的启圣寝殿（也称孟母殿）外侧一块两米多高的石碑上的四个大字——"**母教一人**"。这块碑，安静质朴地立在那里，却有种"确乎不拔"的气势。简简单单的几个大字，一气呵成，令人不由得驻足观望。同行的湖南大学的彭璐珞老师说，这块碑是为纪念被誉为"天下母教第一人"的孟母而立的（见本书彩插图片30）。

孟庙有块"孟母三迁祠"碑，原来立在邹城城西的孟母三迁祠外，后来移至孟庙内。此外，还有一块"孟母断机处"碑。看到这两块碑，脑海里一遍遍闪过"孟母三迁"和"孟母断机"的典故，孟母苦心教导孟子的情景如在眼前。

伟大出于平凡。孟子幼时丧父，孟母在艰难的环境中将他"教""养"成人。母子俩最初住在墓地附近，有一日，孟母发现儿子与其他孩童玩起办丧事的游戏。孟母觉得这个环境不利于孩子的成长，于是搬到邹国都城西郊的庙户营村的集市附近。不料，孟子开始学习杀猪，并将叫卖声模仿得活灵活现。孟母认为这个地方同样不适合居住，于是又把家搬到一个学宫旁。不久，孟子开始模仿学宫里学生的礼仪举止。孟母感到满意，便在此定居了下来。

搬到学宫附近后，孟母送孟子上学。谁知，孟子只认真读了一段时间的书，就开始变得贪玩起来。有一次，孟子逃学回家，孟母正在织布。她问孟子："最近学习有进步吗？"孟子回答："没有。"孟母听了，拿起剪刀来，将织布机上即将织完的布匹一刀剪断。费尽心力、一梭一梭辛辛苦苦织出来的布，母亲竟然一刀剪断，孟子意识到事态的严重性，于是双膝跪地，接受母亲的批评。孟母语重心长地说："**积丝成寸，积寸成尺，寸尺不已，遂成丈匹，子之废学，若吾断斯织也。**"这就是《三字经》中"**昔孟母，择邻处，子不学，断机杼**"的典故。

有一天，邻居杀猪，孟子问母亲："邻居为什么杀猪？"孟母随口说："为了给你肉吃。"事后，孟母意识到失言的危害，便买了邻居的猪肉给孟子吃。"言必信"的观念，从小就在孟子心中树立起来。

导游说，**孟母对儿子的教育，可以归纳为"严""导""信"：严加管教而不放纵，善加引导而非说教，出言有信而不违背**。孟母的苦心教育，对孟子的成长产生了最直接、最深刻的影响。据说孟子15岁时，拜孔子之孙子思的学生为师，"**旦夕勤学不息，遂成天下之名儒**"。《论语》有言："**其身正，不令而行；其身不正，虽令不行。**"历史上，孟母并未留下任何有关教育的名言，而是用行为、用身教，耳濡目染，潜移默化，终使孟子成为千古圣贤。我相信，**母亲所做的"正确的事"，是孟子日后力倡"义"的一个重要原因**。

孟母殿内没有孟母的塑像，只供奉了其牌位。但是，殿内侧面有一尊孟子石像。相传，孟母去世后，孟子因为不能在母亲墓前守孝三年，便刻了一尊半身石像，埋于母亲墓旁。北宋景祐年间，孔子四十五代孙孔道辅守兖州增修孟母墓时，才发现这一尊孟子石像。

老子提倡"处无为之事，行不言之教"（《道德经》第二章）。我们生活在一个飞速发展的时代，时间紧迫，压力日增。在香港，许多父母为谋生全职工作，只能将孩子交给外籍家庭佣工；在内地，全职工作的父母试图通过选择名校来保证孩子的教育质量，使得"学区房"的价格节节攀升。即便他们希望效法孟母，但由于时间和现实的种种限制，连"言传"和"耳濡目染"都十分有限，更不用说通过"身教"来"潜移默化"了。

不言而教，不令而行，何其难也！

2019年6月23日

特别感谢：彭璐珞，牟宇鹏，王殿文

2-2 楚汉鸿沟,中分天下:
项羽为什么失败?

儿时学下中国象棋,不曾想过,棋盘中间将对垒两方隔开的"楚河汉界"源于历史上楚汉战争时"西楚霸王项羽与汉中王刘邦以河为界",更不知道赢棋的一方可以戏称自己为"刘邦",而输棋的一方则被称为"项羽"。

现实世界里的那条界河叫鸿沟,位于今天的河南省荥阳市广武镇。广武镇的山上保留着两座遥遥相对的古城遗址,西边的叫汉王城,东边的叫霸王城,两城中间有一条大沟。我与香港城市大学的苏晨汀老师以及河南大学的李耀老师、吴宏宇老师曾去鸿沟游学。我们站在霸王城上,看着脚下宽达数百米的鸿沟和对面的汉王城,很是震撼。两千多年前刘邦与项羽的军队在这里对峙两年多,最终签订了以鸿沟为界、"中分天下"的协议。之后,原来占上风的项羽逐渐被刘邦打败,最终自杀身亡。从此有了鸿沟造就大汉王朝之说。

鸿沟是战国时期魏国投入大量人力开挖的一条连接黄河与淮河的人工河,既用于物资运输,也用于沿岸田地灌溉。历史上,黄河河道曾多次变迁,鸿沟从黄河引水的引水口也曾移动过,引水渠最初的位置目前仍无法确定。

为什么鸿沟成了楚汉之争的分水岭?

刘邦、项羽都是秦末乱世的强者,曾结为兄弟,两人约定,先入关者为王。刘邦先入咸阳,本应为关中王,但项羽依仗自己的军力优势,撕毁约定,自封为西楚霸王,建都彭城(现徐州),并封刘邦为边缘地带汉中的汉中王。刘邦不甘心,公元前206年,率兵东进,发起了与项羽争夺天下的楚汉战争。这场战争持续了四年之久。两军激战,虽各有胜负,但刘邦的父亲和妻子、儿女却都被项羽俘虏。公元前205年,两军开始在鸿沟一带对阵,且持续了两年之久。

公元前203年,刘邦的大将韩信包抄楚军,楚军腹背受敌,粮缺兵乏,项羽被迫提出"中分天下,割鸿沟以西为汉,以东为楚"的要求。这就是"楚河汉界"的来历。战事如烟,但楚河汉界却留在了中国象棋的棋盘上。

对于刘邦为何能够占上风以及是如何占的上风，史家已有诸多论述。我不谙历史，但既然去了鸿沟，就"有责任"在这里发些小议论。

　　我觉得，项羽的败始于在光天化日之下威胁刘邦，说要烹死刘邦的父亲。刘邦和项羽对峙时，鸿沟只是一条"沟"，没有现在这么宽，最多不过几十米，两军经常互相喊话。项羽修筑了一个高台，把刘邦的父亲绑在上面，对刘邦大喊："你如果不投降，我便立即烹死你的父亲。"刘邦心惊肉跳，但憋住气，一板一眼地说："我和你是拜把兄弟，我的父亲就是你的父亲，你如果一定要烹死你的父亲，请分给我一杯肉汤。"项羽大怒，但只好停手，放了刘太公。

　　胜败乃兵家常事，但父母是天地间的至亲。"天下皆知美之为美，斯恶已；皆知善之为善，斯不善已。"（《道德经》第二章）项羽的这一劣招，鸿沟两边的官兵个个看在眼里、记在心里，**这是项羽失人心的起点。**

　　鸿沟中分天下，以西归汉，以东归楚。项羽绑架刘邦的父亲和家人，使他成了人们心目中不仁不义之徒。这也使得鸿沟成为项羽再也无法逾越的障碍。项羽后来在垓下被汉军包围时，曾冒死突围，但最终无法面对惨败，在乌江边自杀身亡。

　　现今的霸王城古城墙遗址附近有匹生铁浇铸而成、威猛高大的战马雕像。战马仰天长嘶，脚下的地上是残箭、断矛和盾牌，象征着项羽的勇猛与战争的残酷。铁马附近有一个隆起的土堆，传说是当年项羽绑刘邦父亲的高台。

　　百善孝为先，常存仁孝心。千秋功罪，不孝者不顺。

2015 年 4 月 30 日

　　特别感谢：苏晨汀，李耀，吴宏宇

2-3 弘忍、神秀与惠能：
授人以鱼，不如授人以渔？（一）

曹溪南华禅寺位于广东韶关，始建于南北朝时期（502年），中国佛教禅宗六祖惠能曾在此住持弘法37年。我慕名前往，一大收获是瞻仰了镇寺之宝——保存了一千多年的六祖真身坐像。坐像通高0.8米，六祖结跏趺坐，腿足盘结在袈裟内，双手叠置腹前，面部轮廓清晰，双眼微闭，面部慈祥。另一大收获是带回了一本南华寺为纪念六祖诞辰而敬印的《六祖坛经》，佛历2550年（2007年）出版。《六祖坛经》记载了惠能一生的事迹以及他启导门徒的言教，版本不一。这个来自南华寺的版本，应该比较具有权威性，当然其中也可能含有神化的成分。

后来，我还拜访过湖北黄梅的四祖寺和五祖寺。四祖寺（见本书彩插图片31），古称幽居寺，始建于唐朝（624年），是禅宗第四代祖师道信将衣钵传给五祖弘忍的地方。五祖寺，古称东山寺，始建于唐朝（654年），是五祖将衣钵传给六祖的地方。

读《六祖坛经》，参观三座古寺，引起我思考五祖弘忍引导弟子的方法，**得到对教书育人的启示**。

根无大小，皆可成佛。惠能（又作慧能，638—713），唐新州（今广东新兴县）人，人称"獦獠"（古代对南方少数民族的称呼），出身低微，幼年时父亲去世，家境贫寒，以卖柴为生。惠能24岁时，听人诵《金刚经》，应该是因为早就有所思考，被激发并有所领悟，于是辞母北上湖北黄梅东山寺拜师。禅宗五祖弘忍（602—675）试他："汝是岭南人，又是獦獠，若为堪作佛？"惠能不卑不亢地回答："人虽有南北，佛性本无南北，獦獠身与和尚不同，佛性有何差别？"五祖觉得他悟性高，便收留他，安排他去后院碓米房里打杂。

八个月后，五祖有意从弟子中选接班人，为了考查他们参悟的境界，要求每人作一诗偈。

神秀（606—706），河南汴州尉氏（今河南尉氏）人，少习经史，博学多闻。五祖在东山寺有一千多名弟子，神秀最负声望。他当时五十多岁，被五祖任命为上座，且为教授师，堪称一人之下，众人之上。神秀夜里在墙上写下如下诗偈：

> 身是菩提树，
> 心如明镜台。
> 时时勤拂拭，
> 勿使惹尘埃。

神秀的修行观，把人的身心比喻成菩提树和明镜台，将生活中遇到的烦恼比喻成尘埃，若想不为尘埃所扰，就要经常反观身心，清除烦恼。所谓"时时勤拂拭"，即**日日用功，慢慢觉悟**。

五祖看了诗偈之后，告知众弟子，如果能依此偈语修行，必将有大进步。但他私下提醒神秀，"汝作此偈，未见本性，只到门外，未入门内"。五祖要神秀再作一偈。

不识字的惠能听到童子念诵神秀的偈后，也作了一首偈，请人写在墙上：

> 菩提本无树，
> 明镜亦非台。
> 本来无一物，
> 何处惹尘埃。

惠能认为，身心如幻影，既然是幻影，那么，干扰我们身心的烦恼根本就不存在。惠能的修行观强调一念顿悟，认为人的本心本性原本清净无染，只要觉悟到这一点，就不会为任何事物所困扰，可以**随处自在，立地成佛**。

据说神秀与惠能当时写偈子的地方是今天五祖寺的南廊（见本书彩插图片32）。南廊介绍这段故事的碑文说：

次日，祖潜至碓坊，见能腰石舂米。语曰："求道之人，为法忘躯，当如是乎。"乃问曰："米熟也未？"惠能曰："米熟久矣！犹欠筛在。"祖以杖击碓三下而去。惠能即会祖意，三鼓入室。

（第二天，五祖悄悄到碓坊，看到惠能的腰上绑着用来增加重量的石头，正辛勤地舂米。五祖对惠能说："求道之人，应当如此为法忘躯。"于是问："米熟了没有？"惠能回答："米熟了很久了，就是还没筛。"五祖用杖在惠能劳作的碓上敲了三下，便走了。惠能领悟了师父的意思，当晚三更，秘密地来到方丈室。）

惠能为了求法，不顾自己的身体。他被派去碓坊舂米，发现碓很重，自己踏不动，但他没有退却，而是想办法克服。五祖的问法与惠能的答法都很奇特。必须把舂米过程中产生的米灰、碎糠与谷子表皮筛掉，最后剩的才是白米。惠能知道师傅问的是："开悟了没有？"惠能也知道师傅敲碓的意思。

五祖深夜向惠能讲授《金刚经》，惠能言下大悟。五祖将代表祖师身份的袈裟传给了惠能。

五祖考虑到，惠能不过是一个不识字的、打杂的、未落发的"獦獠"，来寺仅八个月，却"抢"走了象征佛陀的衣钵，可能引起其他弟子的不满乃至争斗。于是，他决定连夜送惠能离开寺院，让他搭乘驶往江西九江方向的船，返回南方。他叮嘱惠能，等到时机成熟后再出来弘法，还吩咐他不要再继续往下传袈裟。五祖寺建在湖北、安徽、江西交界的山上。寺内有一棵高大的青檀树，据说是五祖手植。站在树旁远望，山下左边的路通往安徽宿松，右边的路通往江西九江。不知那夜是月黑风高还是星光灿烂，两人下山，山路崎岖难行。可以想象，五祖送惠能走时，肯定担忧惠能在路上的安危。

不出五祖所料，惠能一路被同门追杀，但最后都化险为夷，"**不失其所者久**"（《道德经》第三十三章）。

之后，惠能不露锋芒，隐姓埋名十余年，后在广州法性寺（今光孝寺）剃度出家，从此开始弘法。

惠能主张"顿悟"，曾说："我此法门，乃接引上上根人"，就是说，一个人若有上等根器，还不足以成为他接引的对象；只有上上根器——最上等智慧的人，才可能在只言片语间顿悟。

说回神秀，他清楚自己虽然被同门公认悟性最好、知识最渊博，但其实水平不够，接不了师父的班。然而，师恩似海，他还是选择继续在东山寺跟随五祖修行。五祖曾称赞他道："东山之法，尽在秀矣。"

五祖圆寂后，神秀曾在湖北当阳玉泉寺开讲禅法，声名远扬。他主张"渐悟"，一步一个脚印地"渐修"。

2012年12月30日初稿
2019年5月11日修改

特别感谢：王新刚

2-4 弘忍、神秀与惠能：
授人以鱼，不如授人以渔？（二）

惠能和神秀，根器不同，资质不同，却都受益于五祖弘忍的教导，也都成为一代宗师。**南方的惠能倡导以智慧豁然顿悟，人称"南顿"，北方的神秀倡导以勤奋渐次开悟，人称"北渐"，两人一起带领禅学迈向辉煌。**

武则天当政时，崇尚佛教，诏令神秀进京，拟拜神秀为国师。神秀却告知武则天，南方的惠能才是禅宗的衣钵传人，并讲述了他和惠能各自作偈的往事，大力举荐惠能。武则天于是派人前往曹溪召惠能入京。惠能却谢绝了，称自己久居山林、年迈风疾。

神秀虽性情优柔谨慎，瞻前顾后，却不失修行人的气度和胸怀，值得尊敬。 在东山寺，当众人都认定他将得衣钵而他却未得时，尽管失落，却勇于反躬自省，承认不足，坦然接受师父的决定，并终身勤修不怠，最终成为禅宗北宗之祖师。他是河南人，据说，他的偈语强调人性本善，可以通过修养，渐渐恢复本性，具有明显的黄河文化印记。

《六祖坛经》对神秀的修养和度量有以下描绘：

> 时祖师居曹溪宝林，神秀大师在荆南玉泉寺，于时两宗盛化，人皆称南能北秀，故有南北二宗顿渐之分。而学者莫知宗趣。师谓众曰："法本一宗，人有南北，法即一种，见有迟疾，何名顿渐？法无顿渐，人有利钝，故名顿渐。"然秀之徒众，往往讥南宗祖师："不识一字，有何所长？"秀曰："他得无师之智，深悟上乘，吾不如也。且吾师五祖，亲传衣法，岂徒然哉！吾恨不能远去亲近，虚受国恩。汝等诸人毋滞于此，可往曹溪参决！"一日，命门人志诚曰："汝聪明多智，可为吾到曹溪听法，若有所闻，尽心记取，还为吾说。"

（当时，六祖大师在曹溪宝林寺住持，神秀大师在荆南玉泉寺住持。那时两个宗派都很兴盛，人称"南能""北秀"，因此有南宗和北宗、顿教和渐教之别。然而，学禅法的人并不都能理解两派的宗旨和志向。惠能大师对兴众们说："佛法本来只有一宗，只是人有南北之分；佛法只有一种，只是人的领悟有快慢而已。为什么要叫顿教和渐教呢？佛法没有顿和渐之别，只是人有比较聪颖和比较迟钝之别，因此才有了顿和渐之说。"神秀的一些门徒讥笑南宗祖师，说他"不识一字，能有什么长处？"神秀听了，说："他有无师自通的智慧，深深地证悟到佛教的最高境界，我不如他。再说，我们二人的师傅五祖，亲自把衣钵传给他，难道是随便给的吗？我恨不得自己能远道前往曹溪近距离接触他，向他请教，而不是在这里白白地领受朝廷的恩宠。你们不要滞留在我这里，应该去曹溪参访、领悟。"一天，神秀对门徒志诚说："你聪明机智，可以代替我去曹溪听他讲佛法，你有什么心得，用心记住，回来讲给我听。"）

弘忍、神秀与惠能的故事，使我想起孔子"**有教无类**"的教育思想。**任何人，只要有心向学，教师都应当广开方便之门。**

古话说："授人以鱼，不如授人以渔。"难道，传授给人以知识（鱼），真不如传授给人学习知识的方法（渔）？古话又说："**授人以鱼，救一时之饥；授人以渔，解一生之需。**"

一个人，如果想长久有鱼吃，就要学会捕鱼。食鱼是目的，捕鱼是手段，学会捕鱼，终身受益；**授人以鱼为"有"，授人以渔为"无"。**不是每个人都有惠能那样的慧根，可以被"授以渔"，言下顿悟；但大多数人都可以被"授以鱼"，像神秀那样通过渐修而领悟。

五祖明白，"口传"（鱼）（可类比"渐悟"）虽不如"心授"（渔）（可类比"顿悟"）"高明"，但对神秀合适；而对惠能，敲碓三下，就"心领神会"。这是高明的"**因人施教**"，所谓"**法无高下，应机者妙**"。

老子说："**有无相生，难易相成，长短相形，高下相倾。**"（《道德经》第二章）我对宗教的认识是外行，但钦佩五祖、惠能和神秀，对他们之间的师徒关系深深向往。

遥想自己当年，遇到好老师，幸得他们启发和善待。至今，虽然已经当了教授多年，但依然才疏学浅。学生当中，青出于蓝而胜于蓝的不在少数。像惠能一般的天才学生可遇而不可求，但大多数可能类似神秀，通过"时时勤拂拭"，遵循"次第"，从"渐修"到"渐悟"。

师生相处千日，终有一别，时间久了，老师传授的知识及互动的点滴会被遗忘。作为"贵人"，老师起的是唤醒、激活、点燃等作用，提供机会，启发与鼓励学生自修自悟，成为自己。**学生自有智慧，终会成长。为师不要对学生分优劣，而要善待他们每一个，因"材"施教，认可他们的点滴进步，同时严格要求。**

清风润心田，小树上青天。善莫大焉！

2012 年 12 月 30 日初稿
2019 年 5 月 19 日修改

说明：本文根据 2019 年 4 月 11 日我在武汉大学经济与管理学院参加一个奖学金颁发仪式后发表的演讲整理而成。

特别感谢：王新刚，贺和平

2-5　非"宁静",何以"致远"?(一)

诸葛亮(181—234),字孔明,徐州琅琊阳都(今山东省临沂市沂南县)人,三国时期蜀汉丞相,在世封武乡侯,死后追谥忠武侯,后世常尊称他为"武侯"。

诸葛亮早年隐居隆中,出山后助刘备建立蜀汉,官至丞相,主理朝政。

刘备称帝后不久,根基未稳,即对吴发起大战,结果于夷陵惨败。他自觉无颜面对蜀中群臣,便逃往白帝城,不想却一病不起,撒手人寰。临终前,他将儿子刘禅托付给诸葛亮,说道:"君才十倍曹丕,必能安国,终定大事。若嗣子可辅,辅之。如其不才,君可自取。"诸葛亮大恐,伏拜于地,痛哭答道:"**臣敢竭股肱之力,效忠贞之节,继之以死!**"

刘禅继位后,诸葛亮继续持掌军政大权,开始数次北伐。以他的智慧,自然不会不知道蜀国并无优势,但他仍然坚持伐魏,一则是为不负刘备夙愿,一则是向刘禅表明无意"取而代之",必将鞠躬尽瘁,死而后已。

234年,诸葛亮最后一次北伐,率军抵达渭河南岸的五丈原。"原"为西北黄土高原因流水冲刷而形成的一种地貌,边缘陡峭,顶上呈比较平坦的台状。五丈原的高度大约相当于汉代的五十丈,因五十丈原念起来不顺口,故简称"五丈原"。

五丈原位于陕西省岐山县,南连秦岭,北临渭河,东西两面都有深沟,进可攻,退可守。诸葛亮在此屯田驻兵,伺待战机。他一生勤谨,加之数次北伐无果,此次更加日夜操劳,事必躬亲。部下曾对他说:"丞相亲理细事,汗流终日,岂不劳乎?"他哭着答道:"受先帝托孤之重,惟恐他人不似我尽心也!"

与诸葛亮对垒的魏将司马懿听说了他的饮食状况,推知他不久于人世:"孔明食少事烦,其能久乎?"故而固守渭河北岸,以不战为战。双方在五丈原相持百余日,直至诸葛亮被活活拖死。

可叹睿智如孔明,"**出师未捷身先死,长使英雄泪满襟**"。

究其缘由,西晋史学家陈寿在《三国志·诸葛亮传》中的评价一针见血,说他治理国家的才干远比带兵作战强。由于他面对的敌人,恰巧都是人中之杰,再加上兵力的多寡及攻防能力的不同，因此尽管他连年征战，却总是不成功。

数次北伐无功，并不能掩盖诸葛亮的光芒。"**强行者有志，不失其所者久，死而不亡者寿**。"（《道德经》第三十三章）为了纪念他，后人在五丈原北端修建了诸葛亮庙，祠庙坐南朝北，面临渭河，彰示其毕生心系北伐、追求国家统一的决心。庙内布局严谨肃穆，石碑林立，牌匾众多。正殿后侧有诸葛亮衣冠冢，相传诸葛亮去世后，蜀军密不发丧，将诸葛亮的遗体运回汉中，葬于勉县定军山下，诸葛亮的衣服则埋葬在此，以示纪念。

我 2015 年夏天参访诸葛亮庙时，伫立原头，见原下良田美池。遥想当年，诸葛亮病重，看着自己带领将士们种下的这许多作物，却等不到秋后丰收，心头是怎样一种滋味？

而那不战而战的司马懿，历经曹操、曹丕、曹睿和曹芳四位君主，于晚年发动高平陵之变，夺取曹魏政权。其孙司马炎建立晋朝，传 15 帝，历时 155 年。

与诸葛亮相比，难道司马懿是"致远"的赢家？

2016 年 7 月 5 日初稿
2019 年 10 月 31 日修改

特别感谢：张鸿，张媛，汪涛

2-6 非"宁静",何以"致远"?(二)

诸葛亮一生忠心谋国,任劳任怨,为官清廉,生活节俭,可谓为人臣者之千古表率。他曾上表刘禅:"**成都有桑八百株,薄田十五顷,子弟衣食,自有余饶。至于臣在外任,无别调度,随身衣食,悉仰于官,不别治生,以长尺寸。若臣死之日,不使内有余帛,外有赢财,以负陛下。**"

身为丞相,如此克己奉公,其风骨由此可见一斑。

后世人爱戴诸葛亮,在各地建了武侯祠纪念他。武侯祠中,最著名的当属成都武侯祠。成都武侯祠是中国唯一的君臣合祀祠庙,原为刘备惠陵及汉昭烈庙(今刘备殿)。明朝初年,由于武侯祠的香火比毗邻的刘备庙旺,蜀王朱椿不爽,便以"君臣宜为一体"为名,将武侯祠移入刘备庙,仅在刘备庙内加诸葛亮殿,并根据刘备的庙号,将刘备庙定名为"汉昭烈庙"。清康熙年间,汉昭烈庙重修,沿袭了明代君臣合祀的格局。由于武侯祠建在刘备庙的旧址上,不应喧宾夺主,于是武侯祠大门匾额被换成了"汉昭烈庙",庙内设诸葛亮殿。庙内,刘备殿在前,下数节台阶后才是诸葛亮殿,前高后低,象征君臣关系。诸葛亮文治武功彪炳千古,在后人心目中的地位远远超过刘备,因此,虽然大门匾额上写的是"汉昭烈庙",但群众仍然将这里统称为"武侯祠"。

诸葛亮殿悬匾"名垂宇宙",为清朝康熙皇帝第十七子果亲王爱新觉罗·允礼手书。上下四方谓之宇,古往今来谓之宙,称誉之高,无以复加。两侧为清人赵藩"攻心"联:"**能攻心则反侧自消,自古知兵非好战;不审势即宽严皆误,后来治蜀要深思。**""攻心"为用兵与治国之要,重在把握"人和";"审势"为审时度势,需要结合"天时""地利"。此联很好地总结了诸葛亮一生的经验教训、成败得失,意味深长、发人深省。

出于不得已,诸葛亮于临终之际,留给仅七岁的儿子诸葛瞻一封《诫子书》:"**夫君子之行,静以修身,俭以养德。非淡泊无以明志,非宁静无以致远。夫学须静也,才须学也,非学无以广才,非志无以成学。淫慢则不能励精,险躁则不能治性。年与时驰,意与日去,遂成枯落,多不接世,悲守穷庐,将复何及!**"

《诫子书》篇幅不大,却寄托着无限期望:**修身养性必须"静",而一事无成是因为"燥"**。文中"非淡泊无以明志,非宁静无以致远"的说法出自西汉淮南王刘安的《淮南子·主术训》,后来演变成"淡泊明志,宁静致远"。这八个字就刻在诸葛亮殿的顶梁上,我最近又去武侯祠访问,视力不如以前,要用华为手机拍摄后看照片才看得清。

诸葛亮当初隐居隆中,静观世事纷纭,足不出户而知天下,可谓"淡泊";待到刘备三顾茅庐,与之畅论天下三分,可谓"明志";之后出山兴复汉室,运筹帷幄,自此打破"宁静",死而后已。

诸葛亮的后人没有辜负他"致远"的遗愿。

2016年夏天,我与几个早已毕业的学生参访浙江省兰溪市诸葛八卦村。

村中的诸葛八卦文化展厅介绍道:元中后期(1350年前后),诸葛氏二十七世孙觅得地形独特的今诸葛村所在地,携子孙十二人始居于此,并以祖制九宫八卦设计布局村落。诸葛后裔遵循祖训,以耕读传家,倡导兴商致富,"不为良相,便为良医""农工商贾各专一业,便为孝子慈孙"。明清以来,在大江南北开设中药店行二百多家,源源不断的商业利润给村庄发展以强大动力……村内现有保存完好的元、明、清古建筑二百多座……居住着诸葛亮四十七至五十五世子孙三千多人,可谓"九世同堂",是全国诸葛亮后裔最大的聚居地。

八卦村最为奇特之处,在于其精巧玄妙的九宫八卦布局。从高空俯视,村庄在八座小山环抱之中,构成天然的外八卦阵形,而房屋、街巷的分布走向则组成内八卦。

朝代更替,战火纷飞,八卦村却始终像个世外桃源,未被打扰。据说,第二次世界大战时期,日军从村子外侧绕过,竟没有发现庞大的诸葛村,故大量元、明、清古建筑得以幸存。

村中心地势低平,四周渐高,形似铁锅。四方来水,汇聚锅底,形成一池,名曰"钟池"。环绕钟池有八条小巷向外辐射,小巷之间有许多横向环连的窄弄堂,不少房屋缀有花园、假山石。步行于纵横交错的古道窄巷,白墙碧树、青砖黛瓦,犹如置身于一幅绝妙的水墨画之中。

八卦村远离城市喧嚣,没有川流不息的车辆。偶遇村人,无论男女老幼,"**行无行,攘无臂,扔无敌,执无兵**"(《道德经》第六十九章)(不摆阵势,不挥臂膀,没有敌人,不执兵器),一派安宁惬意的景象。

后世子孙如此"宁静致远",九泉之下的诸葛亮,终可瞑目。

2016年7月5日初稿
2019年10月31日修改

特别感谢:付晓蓉,袁兵,王新刚,童泽林,周玲

2-7 刘备凭什么当皇帝（一）：
三顾茅庐

刘备（161—223），字玄德，幽州涿郡涿县（今河北省涿州市）人，汉景帝之子中山靖王刘胜之后，三国时期蜀汉的开国皇帝。刘备虽有汉朝天子姓，但父亲早亡，与母亲相依为命，卖鞋织席，备尝艰辛。他年少时，家旁有一棵高大的桑树，远远望去像皇帝座驾的车盖。他与其他小孩在树下玩耍时曾戏言："我以后要当皇帝，坐有这种盖的车。"后来，他果真成了蜀汉的皇帝。

他到底有何过人之处，得以实现皇帝梦？史学家对此早有论述。他们看门道，我这个外行，也来看看热闹。

刘备"24岁从军……公孙瓒让他做了平原相……陶谦使他成为徐州牧……但是，他的发展道路非常艰辛。袁术、吕布欺负他，打得他丢妻弃子，东奔西跑，没有立身之地；曹操将他看做最为危险的敌人，必欲除之而后安。他名为州牧，却没有自己的地盘，只能寄人篱下，先是投靠袁绍，为袁绍所驱使；然后投靠刘表，怀着忐忑不安的心情，借地谋兵"（张作耀著，《刘备传》，北京：人民出版社，2004年，第2—3页）。

彼时，刘备已年过四十。一日，刘表见他慨然流涕，问他怎么回事。他回答说："日月如流，老将至矣，而功业不建，是以悲耳。"

刘备虽命途不顺，却"折而不挠"（《三国志》作者陈寿语）。47岁那年，他终于迎来了最大的命运转折，这便是名垂青史的"三顾茅庐"。

先有司马徽推崇，后有徐庶力荐，刘备方知隆中有旷世奇才卧龙先生诸葛亮，如得其指点，便可安天下。于是，他带着关羽、张飞翻山越岭，飞驰隆中。

首顾，书童说卧龙先生不在，三人吃了闭门羹。

再顾，三人冒雪前往，不料适逢诸葛亮外出，再次无缘谋面。刘备失望之余，修书一封以表景仰。

过了一段时间，刘备意欲三顾。关羽不愿，说诸葛亮或许徒有虚名，未必有真才实学。急性子张飞则说，由他一个人去叫诸葛亮来便是，如不肯来，便用绳子捆来。

刘备将二人责备一番，带他们第三次拜访诸葛亮。

到了隆中，诸葛亮正在午睡，刘备不敢惊动，"拱立阶下"，一直候到诸葛亮醒来，才表明志向："**愿先生以天下苍生为念，开备愚鲁而赐教。**"他恭恭敬敬地说道："孤不度德量力，欲信大义于天下；而智术浅短，遂用猖蹶，至于今日。**然志犹未已，君谓计将安出？**"（我德行浅薄，不自量力，想要在普天之下伸张大义，可是才智与谋略短浅，因此使得小人猖狂不已，弄到今天这个局面。然而，我的志向仍未改变，先生认为我该怎样办？）寥寥数语，把现状局促之无奈和赴汤蹈火之决心，表露无遗。

诸葛亮素闻刘备贤名，却不意其竟三顾茅庐，屈尊向一个小自己20岁的布衣求教安定天下的大计，焉能不感动？于是，他温文尔雅地答道："**智能之士思得明君。将军既帝室之胄，信义著于四海，总揽英雄，思贤如渴。**"（有才能的人都渴望追随贤明的君主。将军是皇室后代，信义闻名天下，又广招英雄，思慕贤才。）接着，他从天时、地利、人和三方面分析天下大势，画就了令人憧憬的立国战略蓝图。

君有志，臣有智；君有礼，臣有义。正所谓"半生遇知己，蛰人感兴深"。27岁的诸葛亮于是出山，成为刘备的军师，辅佐刘备一步步实现了他的皇帝梦。

刘备61岁于成都称帝，国号汉，史称蜀汉。两年后，刘备白帝托孤，溘然长逝，享年63岁。12年后，诸葛亮在五丈原前线病逝，享年53岁。

《三国志·蜀书·先主传》对两人之间的关系有以下评价："**先主之弘毅宽厚，知人待士，盖有高祖之风，英雄之器焉。及其举国托孤于诸葛亮，而心神无贰，诚君臣之至公，古今之盛轨也。**"（刘备抱负远大，意志坚定，性情宽厚，知人善任，礼贤下士，颇有汉高祖刘邦之风，具英雄豪杰之器量。后来他将整个国家和辅佐新皇的大事全权托付给诸葛亮，不存半点疑心，君臣之间坦诚至公，可谓古往今来的最佳楷模。）"**知人者智，自知者明**"（《道德经》第三十三章），这应该是他得以称帝的一大缘由。

2009年10月1日初稿
2019年10月1日修改

2-8 刘备凭什么当皇帝（二）：
三顾堂前的三棵树

历史上成大业之人，大都自带"光环"。他们到过或生活过的地方，总是流传着活灵活现的传奇故事。去这些地方访问的人，对他们的"了解"，往往经历了一个**从神秘到好奇再到亲切**的过程。

不久前，我参观了古隆中。古隆中作为风景名胜已有一千多年的历史。《三国演义》第三十七回云："隆中山不高而秀雅，水不深而清澈，地不广而平坦，林不大而茂盛，猿鹤相亲，松篁交翠。"

据导游说，隆中景观素来秀美，古今一脉。她着重向我们介绍了三顾纪念堂前的三棵古柏（见本书彩插图片33）：台阶一侧的两棵古柏，离门近的是刘备的化身，稍远的是张飞的化身，第三棵在另一侧，离门比前两棵都远，则是关羽的化身。

他们为什么这样站呢？这三棵树是刘关张三顾茅庐下马停驻的地方。三兄弟平日外出时，张飞习惯于站在刘备旁边，关羽站得远一些。戎马一生的关张，本就不喜布衣书生，诸葛亮还"摆臭架子"，直到他们第三顾才肯露面。屈尊三顾，关羽高傲，不情愿；张飞暴躁，不耐烦。于是，两人自然都想离茅庐远一点。

这三棵树究竟为何人何时所种虽不可考，却形象地隐喻了三人的亲密关系，以及他们与三顾堂里诸葛亮"亲疏有别"的程度。一个貌似离奇的传说，却如此生动有趣，我们情不自禁地点头认可。

在导游绘声绘色的讲解中，我们似乎看见，刘备"拱立阶下"苦等几个时辰，终于被允许进入茅庐，他恭恭敬敬地跨过门槛殷勤致礼，而候在门外的张飞和关羽则百无聊赖、愤愤不平；我们似乎耳闻，诸葛亮在茅庐内手持羽扇，对刘备侃侃而谈安定天下的大计。

刘备与诸葛亮的关系日益密切，关张不解，直至刘备剖白**"孤之有孔明，犹鱼之有水也"**，两人才不再多言。

透过这三棵树，我们或许也可窥见刘关张三兄弟命运的玄机。

刘备的"皇帝命"缘于"善用人者为之下"（《道德经》第六十八章）（善用人者，

对下谦卑）。他志怀高远、求贤若渴，不因他人位卑而有丝毫怠慢，而是精诚谦卑，将贤能的"外人"变为"自己人"，并善用他们。

而关张二人，武艺高强、英勇无匹，却做不到礼贤下士、知人善用，因此结局悲惨。

关羽失荆州，一个重要原因是留守的大将糜芳与傅士仁降吴。当时，关羽将守城重任交付他们，但责其办事不力，以致二人惶恐不安。加之他们长感被轻视而心怀不满，与关羽素来不睦。因而，东吴偷袭荆州之时，他们非但不援，反而倒戈，由"自己人"变成了"敌人"。这致使关羽败走麦城，向刘备养子刘封和大将孟达求援，不幸又被回绝。关羽苦苦鏖战，终未能等来援手，在率部突围至临沮途中被孙吴军队擒杀。孙权将关羽尸身葬于当阳，首级星夜献给远在洛阳的曹操，于是，关羽被葬于洛阳南门外。可怜盖世战神，至今"身困当阳，头枕洛阳"！

关羽死后，刘备急欲为之报仇，命张飞从驻守地阆中奔赴江州会合伐吴。张飞接令后，命部下三天之内制办白旗白甲，挂孝伐吴。帐下末将范强和张达请求宽限时日，被张飞鞭打至满口出血，并被威胁：如做不完，"即杀汝二人示众"。二人心想，与其被杀，不如杀张。于是，乘张飞酒醉熟睡之际，割其头颅，投奔东吴。二人在乘船顺江东下时听闻吴蜀议和，慌乱之中，将张飞头颅抛入江中。后张飞头颅被一渔翁打捞上来，葬在云阳。如此一代猛将，至今"头在云阳，身在阆中"！

桃园三兄弟，情义至深，然性情格局不同，终有不同的命运。**单单身处高位，不等于成功。境界高，格局大，谦让不争，海纳百川，人生的路自然越走越宽；反之，能掌控的东西则会越来越少。**

刘备三顾茅庐，使得原来已经通过"淡泊"来"明志"的诸葛亮，竟然放弃了"宁静"，选择不遗余力地施展才华，直至明知不可为而为之，"鞠躬尽瘁，死而后已"。

离开古隆中时，我问自己："千里马"诸葛亮成全了"伯乐"刘备的皇帝梦，却永远失去了自己"致远"的机会，可歌可泣？这个话题，另文探讨。

2009 年 10 月 1 日初稿
2019 年 10 月 1 日修改

2-9 见死不救,英雄末路(一)

关羽(约160—220),河东郡解州(今山西运城)人,汉末三国时期蜀汉名将,为刘备的结拜二弟,被后世称神,尊为"关公",并多次被历代朝廷褒封,乃至"武圣",享武庙,待遇直追"文圣"孔子。

关羽死后,"**身困当阳,头枕洛阳**",身躯葬于湖北当阳关陵,头颅却葬于河南洛阳关林。一代战神,过五关斩六将,让敌军闻风丧胆,究竟缘何落得身首异处?

义薄云天。关羽早年追随刘备起义,不避艰险,屡建奇功。后被曹操活捉,曹操待之甚厚,意欲收之麾下。但关羽**身在曹营心在汉**,对人道:"我知道曹公待我好,但我蒙刘将军的大恩,发誓与他同生死,不可背弃。我终不会留下,但一定要立功来报答曹公后才离开。"

曹操任命关羽为偏将军,做先锋迎击颜良。两军对阵,关羽远远望见颜良的旗帜,便策马驰入千军万马之中,直取颜良首级,如入无人之境。

《三国演义》中,"过五关斩六将",说的是关羽离开曹营回汉营时,因为未取得曹操放行文书,途中受到阻挠,迫不得已,斩杀了六名曹将。但是,所杀的六将均不见载于正史。据《关羽传》记载,真实情况是关羽将曹操赏赐的物品悉数留下,留书告辞。曹操得知后道:"彼各为其主,勿追也。"由此可知,过五关斩六将虽可能是虚构,但**关羽义薄云天**却丝毫不假。

化友为敌。后来鼎立的三国(及其国主)分别为魏(曹操)、蜀(刘备)、吴(孙权)。刘备入蜀,将守卫荆州的重任交给关羽,嘱咐他一定要"联孙抗曹"。然而,**关羽虽有以一敌万之勇,却无运筹帷幄之谋**。孙权为维系孙刘联盟,欲与关羽结儿女亲家,特遣使为儿子求娶关羽之女。岂料关羽当孙权是个靠着父亲孙坚与兄长孙策裙带搭顺风船的国主,对婚事不仅不应,反大骂"**虎女焉能嫁犬子**",硬生生地把孙权推给了曹操,也为自己身首异处的悲惨命运埋下了伏笔。

大意失荆州。后来,关羽出兵抗曹,调走荆州大部分兵力攻打樊城。孙权决定趁关曹交战夺回荆州。

东吴大将吕蒙命士兵化装成商人，骗过关羽的江边守军，兵不血刃夺了荆州。吴军入城后，纪律严明，秋毫无犯，被抓的关羽家眷及其他蜀军将士的家眷也都得到善待。吕蒙特意释放蜀军将士亲眷，让他们将情况告知随关羽出征的亲人，这一攻心之法顿时让关羽的部下战意全失，荆州收复无望。

败走麦城。 当初关羽出兵攻打樊城之时，由驻守荆州重镇江陵的糜芳与驻守公安的傅士仁负责军需物资补给，关羽嫌二人办事不力，明言待回师一定重罚。这使得糜、傅惶恐不安，加之二人本就因被关羽轻视而积怨已久。适逢荆州失陷，关羽有难，二人非但不救，反而倒戈。

正当吕蒙夺荆州之际，曹操派兵攻打关羽，将其围困。腹背受敌的关羽杀出一条血路，退守麦城。吕蒙旋即将麦城团团围住，关羽内外交困，多次向驻扎在上庸（今湖北省竹山县，距麦城约三百公里）的刘封（刘封为刘备养子，据传曾因关羽反对其当刘备的接班人致二人有隙）和孟达求援，二人以上庸新定为由拒绝。

临沮遇害。 孙权派人劝降，关羽严词拒绝："玉可碎而不可改其白，竹可焚而不可毁其节，身虽殒，名可垂于竹帛也。"

吕蒙见关羽不降，加紧攻打。蜀军士卒因顾念家眷大多住在荆州，无心恋战，纷纷逃亡。加之城内军粮无多，援军久久不至，与其困死麦城，不若冒死突围。于是，关羽决意抄小路回西川，时有部下劝谏："小路恐有埋伏，应该走大路。"关羽却自负道："就算有埋伏，我怕什么！"麦城将破，关羽留王甫、周仓守城，自己率儿子关平突围。

行至临沮罗汉峪，有一处名"决石"，二人遭伏击，一声炮响，坐骑被绊，应声坠马。据当地人说，吴兵共设下八道绊马索，前七道绳索用棕搓成，均被关羽冲过，第八道是用马尾搓的绳子，特别结实，终将关羽的马绊倒，伏兵立刻把关羽捆得结结实实。被擒的关羽父子对刘备忠心不二，决意不降，大骂孙权。部下向孙权进言："曹操当年对关羽那么好，可关羽依然杀了他的人回去为刘备效力，您现在有可能留住关羽的心吗？"于是孙权下令杀了"二关"，并割下关羽的头颅，星夜献给远在洛阳的曹操。至此，声名显赫的关羽以一种最惨烈的方式终结了他的一生。

老子说："自见者不明，自是者不彰，自伐者无功，自矜者不长。"（《道德经》第二十四章）（拘于自己的见解，便会判断不清；自以为是，便难以得到大家的认同；自我夸耀，会抹杀自己的功绩；自高自大，不会长久得志。）

关羽之死，是因为这些吗？

2018 年 10 月 30 日

特别感谢：王新刚，罗杨

2-10　见死不救，英雄末路（二）

我与王新刚老师、罗杨同学去荆州和当阳一带寻访关羽遗迹时，参访了荆州关帝庙、当阳麦城、远安回马坡、当阳关陵等地，既看了历史遗迹，也听到了一些当地传说。我们一边行路，一边遥想当年，思绪万千，感叹不已。

荆州关帝庙 位于荆州南门，建在关羽镇守荆州多年的府邸故基上，向外可以看见荆州古城墙。荆州地处江汉平原，当年府邸也很大，关羽一家应该在这一带有过许多快乐的时光。府邸附近有条街道叫得胜街，当年关羽镇守荆州，获胜归来，荆州百姓自发聚集在这条街道两旁欢迎得胜将士，此街因此得名"得胜街"，并一直沿用至今。关羽绝对没有料到，樊城之行竟有去无回。不知吴军偷袭荆州时，关羽的家人是否在府邸被抓俘，他们后来的命运如何？

古麦城 在离当阳20多公里的两河镇，那一带基本是平地，"城"早已没有，我们问了当地的居民才找到（见本书彩插图片34）。麦城现在仅剩一些平地隆起的小土丘，据说是那时夯土垒筑的城垣，经1 000多年的风吹雨打后，只剩下这一点点了。土丘上长满树木与竹子，走近才能发现，杂草丛中有一个立着将近一米高的混凝土碑，上面刻着"当阳市重点文物保护单位麦城遗址"（见本书彩插图片35）。不知当年麦城有多大，也没人知道为什么关羽选择退到这个难守易攻的地方。

远安回马坡 当时叫决石，在江汉平原与鄂西山区过渡地带的远安县（汉称临沮，后来改称远安），位于距鸣凤镇西北边近20公里的罗汉峪沟西段的上坡处。罗汉峪沟长约10公里，是远安最大的峡谷。两岸树木繁多，岩壁陡峻，沟底的溪涧时窄时宽，水流弯曲，涧底的大小溪石，形状各异。关羽和关平，顺着小溪，时而马上，时而马下，艰难前进。二人在决石被擒后，宁死不屈。二人身死之时，关羽60岁左右，关平仅42岁。回马坡旁小溪里的岩石上有几个马蹄形痕迹，相传是关羽的赤兔马蹄印，上面长着青苔。

当地人为了无损关羽的英雄形象，将"决石"改名"回马坡"，不说关羽被吴兵擒捉，而说"回马"，意思是"马回头"。回马坡有一个四角亭，亭中有一石碑，雕刻有关羽身骑赤兔马、手提青龙刀的画像，反面则刻有碑文曰"呜呼此乃关圣帝君由临沮入蜀遇吴回马之处也"（见本书彩插图片36）。

当阳关陵位于当阳城西。孙权担心刘备复仇，以诸侯之礼将关羽的身躯葬于当阳，将关羽的首级献给远在洛阳的曹操。曹操识破其"嫁祸于人"之计，也因为敬重关羽，以诸侯之礼厚葬关羽首级于洛阳南门外。据说，赤兔马被孙权送给部下后，数日不吃草料，活活饿死，为主人殉难。

关陵的规模很大，占地100亩左右，规制很高，红墙黄瓦，还有仅帝王才能用的黄色九牌九钉的仿铜乳钉门。神道正中立有一座神道碑，上面刻有"神义神武灵佐仁勇威显关圣大帝汉前将军汉寿亭侯墓"。陵墓底径25米，封土堆锥高7.5米，墓前石碑上书"汉寿亭侯墓"。为了表示对关公的崇敬，我们在陵前鞠躬，然后绕着陵墓走了一圈。

玉泉山也在当阳境内。山上有座玉泉寺。据说，关羽被杀害后，魂魄迟迟不肯离去，在那一带显圣，并大声呼喊："还我头来！"我们看到寺里墙上写着的介绍，说是高僧普净点化他："昔非今是，一切休论；后果前因，彼此不爽。你要人家还你头，可你斩的颜良可以找谁还头？你过五关斩的六将又可以找谁还头？"关羽顿悟，从此魂归山西老家解州。

因此，民间流传关羽"**身困当阳，头枕洛阳，魂归解州**"。我不知道以后有没有机会访问洛阳的关林与解州的关帝庙，实现全访关羽"身""首""魂"所在三地的愿望。

胜败乃兵家常事，红白乃人生大事。关羽戎马一生，终落得个身首异处的下场，令人叹息。老子说："**慎终如始，则无败事**。"（《道德经》第六十四章）关羽一生，对刘备忠心耿耿，同时也有不少对他忠心耿耿的部下。关羽从麦城突围时留下守城的周仓，在得知关羽父子被斩首后，周仓自刎殉主。我到当阳时，曾特地造访**周仓墓**。

性格决定格局，格局决定结局。人无完人，我们不可苛求古人。但关羽之死，与他没有妥善处理人际关系有莫大的关系。整体来说，**关羽平时骄傲自大**。在他生命的最后阶段，因**出言不逊而伤人害己**。曹操、孙权为"敌人"，但**糜芳、傅士仁、刘封和孟达皆为"自己人"，若不是与关羽离心离德，他们不会见死不救**。

关羽大意失荆州，对诸葛亮在《隆中对》中提出的三分鼎立、伺机北伐中原、恢复汉室的大战略造成了致命的打击，刘备集团自此由盛转衰，其霸业宏图化为泡影。万人不敌的关羽，不仅在这场败仗中失了性命，还留下了"大意失荆州"的典故。

英雄造时势，保命最难？

2018年10月30日

特别感谢：王新刚，罗杨

2-11 江南三大名楼游记

不久前,我与友人遍访江南三大名楼。起初颇诧异于偌大的江南,古往今来楼阁无数,何以人们独尊此三?后读清代诗人尚镕的《忆滕王阁》:"天下好山水,必有楼台收。山水与楼台,又须文字留",深以为然。

我与江西师范大学的熊小明老师等曾同游滕王阁。滕王阁坐落于江西省南昌市西北,赣江东岸,始建于唐永徽四年(653),由唐太宗李世民之弟李元婴始建。由于李元婴的封号为滕王,楼阁又是在其任洪州都督时所建,故名洪府滕王阁。现存的滕王阁是1989年复建的,据说已是第29次重建,其主体建筑净高接近60米,建筑面积达13 000平方米。

自古以来,歌咏滕王阁的诗文不计其数,最有名的莫过于王勃的《滕王阁序》,"**落霞与孤鹜齐飞,秋水共长天一色**"这等名句大家都耳熟能详。如今亲临滕王阁,眼前的赣江依然宽阔,但可能很难再有王勃笔下华美壮丽的观感,不过西岸高耸的大厦,倒是平添了一份摩登的绚丽。遥想王勃当年"三尺微命,一介书生""时运不济,命运多舛",却"**穷且益坚,不坠青云之志**"。如此才情、如此志向、如此薄命,令人动容。

我和武汉大学经济与管理学院市场营销专业的六位博士生曾同游黄鹤楼(见本书彩插图片37)。黄鹤楼立于湖北省武汉市武昌蛇山之上,始建于三国时期。1957年修建武汉长江大桥引桥时,黄鹤楼旧址被征用。1981年,在距旧址约1 000米的地方进行了重建。复建的黄鹤楼共5层,高50米,主楼以清同治楼为蓝本,但更为高大雄伟。

唐朝诗人崔颢当初登临此楼,触景生情,留下千古绝唱《黄鹤楼》:

> 昔人已乘黄鹤去,此地空余黄鹤楼。
> 黄鹤一去不复返,白云千载空悠悠。
> 晴川历历汉阳树,芳草萋萋鹦鹉洲。
> 日暮乡关何处是?烟波江上使人愁。

相传后来李白登黄鹤楼时也诗兴大发,但看到墙上所题的崔颢的这首诗,自觉难以超越，于是搁笔。学生们在黄鹤楼上凭栏远眺，吟诵这首诗至最后两句"**日暮乡关何处是？烟波江上使人愁**"时，我的思绪瞬间回到了多年前，那时的自己在美国留学，对祖国有着深深的怀念，乡愁从来都是在离乡的第一刻就烙在了游子的心底。

我与中南财经政治大学的王新刚老师和中南大学的张琴老师曾同游岳阳楼（见本书彩插图片38）。岳阳楼位于湖南省岳阳市的西门城头，洞庭湖畔，始建于三国东吴时期。1983年，国务院拨专款对岳阳楼落架大修，保存了55%以上的构件原物。楼有三层，高约20米，在三大名楼中高度最低，却难得地保持了古时原貌。

使岳阳楼享誉后世的是北宋名臣范仲淹的名篇《岳阳楼记》，而据传范仲淹并未亲身到过岳阳楼。该楼本是范仲淹的好友滕子京的一项政绩工程，完成后，他赠送给范仲淹一张《洞庭晚秋图》，请他作记。虽未亲临，范相写作时却别出心裁，不写楼而写湖，步步递进，由景及情，由情及志，将其人生追求与思想境界表达得淋漓尽致。"**先天下之忧而忧，后天下之乐而乐**"的胸怀成为一代代士人的共同志愿。

文中"不以物喜，不以己悲"的思想对我影响颇深。虽知自己难以达到"超然物外"的境界，但亦常常思索如何为平衡现今的小我利益与明日人类乃至地球的生存略尽绵薄之力。

"**高下相倾**"（《道德经》第二章），思接古人，涤荡己心，想来是此番访三大名楼览胜的最大收获。

2016年12月5日

特别感谢：熊小明，王新刚，张琴，张辉，周玲，童泽林，郭煜琅，颜垒，熊名宁，张仁萍，蒋怡然，程谷萍，余江曼，张磊

2-12 蕲春李时珍故乡印象

一个春暖花开的日子,中南财经政法大学的王新刚老师和我从武汉驱车到蕲春县蕲州镇"看一看"。蕲州镇是明朝医药学家李时珍的故乡,建有全国唯一的李时珍纪念馆。我们想去蕲春"感受"一下(见本书彩插图片39)。

说是"一下",行却要半天。去之前,我们只是从书本上读过李时珍的故事。去了以后,我们对他无限崇敬:**李时珍是一个践行"读万卷书,行万里路"的科学家。**

自古以来,蕲州便是中药的药都,有"人往圣乡朝医圣,药到蕲州方见奇"的美誉。李家世代业医,李时珍的祖父是"铃医"(游走江湖的民间医生,身负药箱,手摇串铃,宋元时开始流行),父亲李言闻是当地名医,曾在金陵太医院任过太医,同时对药草也很有研究。李时珍出生在这样的家庭,加上聪慧好学,从小便认识不少草药,为日后编撰《本草纲目》打下了基础。由于民间医生地位较低,父亲希望李时珍通过科举应试,走上仕途。李时珍14岁就中了秀才,但之后三次考举人均榜上无名。于是,他放弃了科举做官的打算,专心随父亲学医,悬壶济世,救死扶伤。

在父亲的精心指导下,李时珍也成了当地的名医,治愈过许多罹患疑难杂症的病人。一次,一个得"水肿病"达30年之久的患者来见他。前人虽已知牵牛子治疗水肿的功效,但因为在汉朝名医张仲景治疗水肿的著作中无一例用此药,因此无人敢用。李时珍根据自己的经验,大胆使用牵牛子治疗,获得奇效。他曾被武昌的楚王请去为家人治病,楚王推荐他去京城的太医院任职,但他志不在功名利禄,在那里工作了不长时间便辞职归家。

相传,李时珍30岁前就已读过明朝以前的医书277种。他在太医院任职时,经常出入于御药库,有机会接触来自全国各地的药材和标本,眼界大开,同时又阅读了许多在蕲春从未见过的、珍藏的医药典籍,知识大增。通过自己多年的临床实践,他发现前人医书中介绍的本草(中药)功能有很多错误,事关人命,必须纠正。有研究者认为,李时珍在太医院任职期间,可能读过封藏在内库的明代药典《本草品汇精要》,这促使他坚定了早日编撰出一部新本草专著的决心。

"**天下大事,必作于细**。"(《道德经》第六十三章)本草是一门牵涉许多学科和知识的科学,临床应用时需考虑药性、功效,但在此之前必须了解产地、栽培、历史等许多方面的因素，还要有丰富的生物、化学、天文、地理等方面的知识。因此，编写《本草纲目》像是编写一本药学百科全书。在编写过程中，李时珍参考引据了700多种典籍，自己种植草药，炮制药物测试，还多次外出实地考察，足迹遍布家乡附近的高山平原，以及湖南、江西、河南、河北等地。他认真观察，深入比较，将采集到的药材带回家，对照古书，印证效果，务求把一味药品的功效弄得准确无误。他的长子李建中在四川蓬溪担任知县，经常回来帮忙，连孙子们也参与校对、点阅、分卷、编排。

呕心沥血，全力以赴，全家参与，三次易稿，前后27年，万历六年（1578），李时珍61岁那年，《本草纲目》终于定稿。全书约190万字，52卷，载药1 892种（其中李时珍新增药物374种），附有药物图1 109幅，搜集方剂11 096首（其中8 000余首是李时珍自己收集和拟定的），分为16部、60类。

《本草纲目》是集16世纪以前中国本草学大成的著作。李时珍虽有无私为后人造福的赤子之心，但出书的费用远超他的微薄财力。他四处奔走求助，但总是碰壁。18年后，即万历二十四年（1596），李时珍逝世三周年时，《本草纲目》方才印行。他未能看到自己耗尽毕生精力完成的巨著问世。

走在蕲州的大街上，能感受到浓厚的中医药商业文化氛围，我们看到不少带有"李时珍"或"时珍"字眼的药店或医疗机构，还有众多药膳餐饮门店和药材相关特产专卖店，可见李时珍与《本草纲目》在当地的影响力。

李时珍纪念馆位于蕲州镇东，与李时珍墓相连。纪念馆占地面积6万平方米，是一座仿明的建筑群，建在一条长500米的带形地段上，绿水环绕，坡岗起伏，树木茂盛，人文景观与自然风光交错。药物馆不仅有药物陈列，还有图文并茂的介绍，比如常见的山药、天冬、车前草，以及蕲春一带特有的蕲姜和蕲茶等。我们也看了那里的中国古典园林式建筑。我最喜欢的是占地6 000平方米的百草药园，据介绍，这里栽种了一百多种中草药。百草药园里春意盎然，五颜六色，千姿百态，我在其中看到了不少熟悉的植物，比如薄荷、百合、柚子、樱桃，原来它们都有药用功能。

绕过一片松林，我们到了墓区（见本书彩插图片40）。这里依山傍水，苍松翠柏，小山坡上是保存完好的李时珍与妻子吴氏的合葬墓，与李时珍的出生地瓦硝坝隔湖相望。

地灵人杰。蕲州的一方水土，家庭的陶冶熏陶，加上李时珍对知识的渴求与不懈的努力，成就了一个平凡而又伟大的科学家。

墓区平台正中，立着李时珍的半身雕像。荷花池前的青石牌坊上，刻着"医中之圣"四个大字。**李时珍严谨认真做学问的态度和扎实深厚求真理的付出，永远值得我们学习。**

2019年5月1日

特别感谢：王新刚

2-13 左宗棠故居柳庄访问记：
身无半亩，国之栋梁

清朝人左宗棠是个"科场失意，官场得意"的奇迹：功名止于举人，三次赴京参加会试均落选，但后来却位极人臣，官至正一品东阁大学士，两次出任军机大臣，与曾国藩、李鸿章、张之洞并称"晚清四大名臣"，被梁启超称为"五百年以来的第一伟人"。

这个奇迹是如何发生的？一个秋日，我同中南大学的张琴老师、长沙理工大学的刘洪深老师去左宗棠的家乡一探"究竟"（见本书彩插图片41）。

左宗棠出生于湖南省湘阴县界头铺镇左家段。1843年，显达之前的左宗棠用教书所得积蓄在离界头铺镇15公里的柳家冲置地，还修建了一座砖木结构的住宅。坐西朝东，依山面水，共有48间房屋。屋后的小山岗上长着青翠的树木，门前一个清澈的大池塘，塘边绿柳成荫。左宗棠喜爱柳树坚韧的性格，因此将住宅命名为"柳庄"。现在的柳庄是2003年在原址按原貌重建的。

柳庄朴存阁门前的对联曰：**身无半亩，心忧天下；读破万卷，神交古人**（见本书彩插图片42）。这是左宗棠会试不中后写来激励自己的。

让我们细看一下这副对联的"来龙去脉"。

身无半亩，心忧天下。"心忧天下"借用了范仲淹《岳阳楼记》"先天下之忧而忧"的句意。左宗棠15岁考上秀才，第二年考上举人，此后，六年三次赴京考进士均不及第。他的祖父祖母、父亲母亲和大哥也接二连三地去世。仕途受阻，亲人离世，左宗棠没有被压倒，其意志反而得到了磨炼，哪怕穷困潦倒，心里仍然记挂着国家、民族的前途和命运，无钱买书，便四处借阅。

读破万卷，神交古人。"读破万卷"乃借用杜甫《奉赠韦左丞丈二十二韵》"读书破万卷，下笔如有神"句意。1830年，左宗棠偶尔认识了一个叫贺长龄的官员。贺长龄是进士出身，当过大官，却并不嫌弃左宗棠身无分文，在左宗棠前去拜访时，贺长龄热情地"以国士见待"。

贺家有很多藏书，左宗棠可以随意借阅。每次左宗棠还书，贺长龄都询问左宗棠的读书心得，还劝告他："**幸勿苟且小就，自限其成。**"左宗棠不仅攻读儒家经典，还广泛阅读天文、军事、历史、时事等方面的名著，为他后来能以将才闻世打下了基础。

"**自胜者强。**"（《道德经》第三十三章）张老师说："'身无半亩，但心忧天下。'作为教师，我们所培育的人不应只是以成为某行业中的佼佼者为目标，而应志向远大，怀抱苍生；不应止于个人优秀，还要对国家、对人类有所为。"刘老师说："'读破万卷，神交古人。'作为学者，我们需要广泛涉猎，学贯古今。另外，也需中西合璧，把文章写在祖国的大地上。"

左宗棠虽然没有通过科举仕途进入社会上层，但他的志向和才干得到了当时许多达官名流的赏识和推崇。他后来的成就，根据我们在柳庄看到的介绍，跟他的四个"知己"有莫大的关系。

知己之一：胡林翼（1812—1861），湖南益阳人。1833年，左宗棠和胡林翼二人第一次相会，相谈甚欢，自此结下不解之缘。胡林翼非常欣赏左宗棠的才华，先后五次推荐左宗棠，直至荐于咸丰皇帝。左宗棠入仕后，因性格原因，经常得罪人，一次因得罪湖广总督宫文，被咸丰帝下旨："如有不法情事，即行就地正法。"胡林翼闻讯后，四方奔走，极力营救。左宗棠将胡林翼视为人生第一知己。

知己之二：**陶澍**（1779—1839），湖南安化人。左宗棠与陶澍相识于1837年，陶澍"一见[左宗棠]目为奇才，纵古论今，为留一宿"。二人不仅成为忘年之交，更结为儿女亲家。陶澍临终前托孤左宗棠，还嘱托女婿胡林翼："左乃当世奇才，用之是朝廷苍生之福，汝定当奏荐朝廷重用。"

知己之三：**林则徐**（1785—1850），福建侯官人。1848年，时任贵州安顺知府胡林翼推荐左宗棠去时任云贵总督林则徐的幕府任职，左宗棠因家事缠身而婉拒；1850年，林则徐因病辞归福建，途经湖南时，邀请左宗棠在长沙会面，二人一夜长谈，相见恨晚，均视对方为知己。林则徐感叹："西定新疆，舍君莫属！"林则徐将自己在新疆考察整理的宝贵资料交给左宗棠，对左宗棠后来收复新疆起了一定作用。

知己之四：**曾国藩**（1811—1872），湖南湘乡人。曾国藩对左宗棠有提携之恩，二人成为知己，但后来交恶：曾国藩率军攻克太平天国天京（今南京）后，上奏朝廷，称洪秀全的儿子幼天王洪天贵福举火自焚。不料，左宗棠密上一折，称洪天贵福已逃出天京。曾国藩对左宗棠大为不满，二人关系破裂。但二人的恩怨没有上升到国家利益层面。左宗棠西征新疆，曾国藩不遗余力筹饷，并推荐自己最得力的爱将刘松山随之西征；曾国藩去世后，左宗棠向朝廷极力举荐曾国藩的儿子为驻外公使。

由于我们的访问时间短暂，柳庄的讲解员推荐我们阅读《湖南出了个左宗棠》一书，以更多地了解左宗棠的一生。书中说："左宗棠一生做了三件大事，即镇压太平军、捻军及陕甘回军；在'师夷长技以制夷'的思想指导下创办了近代军事和民用企业；坚决抵御外侮，捍卫国家领土完整，出兵收复新疆，并在东南抗法。"但该书也指出："回顾从左氏去世后，百余年来对左宗棠的评价，因时代不同，观点各异，往往是褒贬杂陈，起伏不定，高低有别。"（陈明福著，《湖南出了个左宗棠》，长沙：湖南人民出版社，2015年，第1页）

我们不是专家，无法评价左宗棠的功过，但觉得他的最大成就或许是铁腕收复占国土六分之一面积的新疆。

我们认为，应该向读者介绍在柳庄看到的左宗棠家训简介。该文称：左宗棠性格刚直，儿女们秉承父亲品性，且天分不高，因此，左宗棠对儿女们治家处事要求近乎苛刻。他一生主张低调做人，平和处世，留下一些可供世人借鉴的家训，最为突出的有以下三点：

1. 疏远官场，潜心耕读。他认为封建官场黑暗，谄上骄下，勾心斗角，儿孙们不必陷此龌龊之中。

2. 真才实学，自力更生。他在朝中为官时，书信中多次告诫儿女，不可依父权势作威作福，不可靠父辈遗产坐享其成，应凭真才实干，自谋生路。

3. 崇尚简朴，救济危困。左宗棠留下两句名言，第一句是"**惟崇俭乃可广惠**"，他教导子孙们俭朴度日，俭朴就可有盈余，就可救济贫困之人；第二句是"**凡人贵从吃苦中来**"，他认为"银钱财物多，无益于子孙"，曾国藩曾高度评价左宗棠此语为"多见道之语"（至理名言）。

左宗棠留下的家训，令左氏后裔受益匪浅。

我们此次访问柳庄，收获满满。

2019年10月19日

特别感谢：张琴，刘洪深

2-14 尹克荣故居的无穷树

小时候,父母教我和妹妹唱朝鲜童谣《小白船》(也叫《半月》)。这首童谣有两段,第一段如下:"蓝蓝的天空银河里,有只小白船。船上有棵桂花树,白兔在游玩。桨儿桨儿看不见,船上也没帆。飘呀飘呀,飘向西天。"歌词的画面感很强,曲调优美,我不仅童年时期喜欢唱,现在到了"奔七"的年龄,依然喜欢唱。

我猜想这首童谣是词曲作者尹克荣(1903—1988)从"梦中所见""创造"出来的。我认为他具有"**三力**":(1)**观察力(地)**:"梦"人人有,但他"梦见"了别人看不到的"奇景""奇事";(2)**想象力(人)**:"想"人人会,但他的"梦想"是"奇思妙想",而且"奇妙"到不可"思""议";(3)**创造力(天)**:更难能可贵的是,他的梦想还能"成真",将梦中所见所想变成了一首孩子们喜爱的歌曲。

天:创造力

地:想象力

人:观察力

我将这个"猜想"写进《学问人生——〈道德经〉的启示》一书中。当时我想,若有机会去尹克荣的故居"拜访"这位传奇的儿童歌曲创作者,我就能"验证"这首童谣是否真的是他依"梦中所见""创造"出来的。

一年多后的夏天,机会来了。我去首尔开会,会前拉上同行的张宁老师、余利琴同学和王易舟同学,一起参观了位于江北区水逾洞的尹克荣故居。我们上了出租车,司机一听我哼《小白船》的曲子就知道我们大概要去的地方,可是开到那附近,却怎么也找不到。我们下车后,自己找到了,原来就在下车地点附近的一条小巷里,大街上的标志不太清楚。

走到尹克荣故居门口,门掩着,但美妙的歌声从里面传来。循声而入,歌声戛然而止。屋内的女士们用韩语热情地跟我们打招呼。我们不会说韩语,她们也不会说中文或英文。余利琴同学和王易舟同学用翻译软件向她们大致表明了我们的来意。原来,她们是故居的志愿者,正在练习童谣。我于是哼起了《小白船》,她们马上拿出乐谱,排成一队,放声歌唱起来,我们也马上配合,用中文演唱,我"自告奋勇"地当起了"指挥"(见本书彩插图片43)。唱完歌,她们邀请我们一起喝茶。其中一位志愿者知道我们会说英文后,打电话给她会说英文的儿子,通过他与我们交谈,以更进一步地交流。

在志愿者们的带领下,我们参观了尹克荣故居。这是一座小平房,从外面看没有什么特别之处。推门而入,主厅的玻璃橱柜里陈列着有关尹克荣的生平简介和作品,墙上挂着他写的童谣及其配图。其他几间,分别是他的卧室、工作室和活动室,活动室里有他和小朋友在一起唱歌的照片,卧室的床头摆放着玩具(见本书彩插图片 44),工作室里的一个橱柜旁有一架简易的木质钢琴,他创作时会用到,也可以为唱歌的小朋友们伴奏。每个物件,每张照片,每首乐谱,都可以从中看出**尹克荣爱音乐、爱孩子,如痴如醉**。志愿者们说,尹克荣生前就是在这里做他最喜欢做的事——组织活动以及和小朋友们一起唱歌。

尹克荣生于首尔,年轻时去日本读书,学的是声乐。据说,朝鲜儿童文化运动家方定焕遇到他,跟他聊天,说起朝鲜儿歌少,希望他为孩子们创作一些,因为"**孩子是明天的希望**"。他于是开始创作儿歌。另一个创作动机是,当时朝鲜半岛被日本侵占,他希望通过童谣,让孩子们不要忘记自己国家的语言。他曾到我国东北教书,后来回国,一生中创作了许多深受儿童喜爱的童谣。

首尔是韩国首都,但现在很多人缺乏保护文化遗产的意识。为此,2013 年至 2014 年间,首尔选了一批有文化价值的建筑作为"未来遗产"。尹克荣生前与家人一起居住的房子被选中,作为未来遗产保护试点项目,展览他的遗物,并且作为一个童谣教育基地。

我们那天见到的志愿者当中,有一位是韩国半月文化会现任主席延敬姬女士。这个文化会是尹先生创办的,延女士于 1998 年加入,迄今已有 20 年。她说,当年,尹先生在故居同孩子们一起唱歌。如今,尹克荣故居每个周末都对外开放,志愿者们同来访者和孩子们一起唱歌、朗诵、做游戏。

延女士讲述了她听说的关于《小白船》的创作经过:尹先生的姐夫去世后,他经常看到姐姐孤寂地望着天上的月亮,便以此为题材创作了《小白船》,希望借此分担姐姐的忧伤,也暗喻减轻朝鲜被日本统治的痛苦。这首童谣第二段的歌词如下:"**渡过那条银河水,走向云彩国。走过那个云彩国,再向哪儿去?在那遥远的地方,闪着金光,晨星是灯塔,照呀照得亮!**"尹先生在接受访问时曾说,创作的困难在于最后一句,"晨星引路"表达的是对姐姐的祝福,希望永远都在。

这下我清楚了,《小白船》童谣不是尹克荣先生从"梦中所见""创造"出来的,我原先的猜想太"浪漫"了。

延女士送给我们两本书,一本是她整理的《尹克荣童谣》,另一本是她编写的关于尹克荣的故事。她希望更多的中国人了解尹先生对孩子的关爱。她说:尹先生买下这座平房后,做的第一件事就是种树,以此表达他对自然、国家和孩子的爱。

"合抱之木,生于毫末"(《道德经》第六十四章),离开前,我们在房前院子里的树下合影(见本书彩插图片 45)。那是一棵无穷树(木槿)。无穷树夏天开花,一朵花只开一天,朝开暮谢,一朵接一朵陆续绽放,花期很长,被称为无穷花,象征世世代代生生不息的民族精神,因此也被韩国人当作"国花"。**音乐的力量与孩子的希望也都无穷**。不知那棵无穷树是不是当年尹克荣先生亲手种的。

礼尚往来,去年年底,我的随笔集《学问人生——〈道德经〉的启示》出版以后,我托人带了两本,送给延敬姬女士作为留念。

2019 年 7 月 6 日

特别感谢:延敬姬,张宁,余利琴,王易舟,朱丽雅,黄璐琦

2-15　贝聿铭与香港中银大厦（一）

2019年5月16日，美籍华裔建筑大师贝聿铭谢世，享年102岁。贝聿铭（Ieoh Ming Pei，1917—2019），1983年获得有"建筑界诺贝尔奖"之称的普利兹克奖（Pritzker Architecture Prize），被誉为"现代主义建筑的最后大师"（the last master of high modernist architecture）。

贝聿铭设计了香港中国银行大厦（以下简称"中银大厦"）。他与中国银行的渊源始于他的父亲贝祖诒。贝祖诒曾任中国银行香港分行的首任经理，为中国银行的早期发展做出了重要贡献，晚年寓居纽约。1980年，中国银行派人去纽约拜访已经89岁的贝祖诒，用非常中国化的方式，请他牵线，邀请他的儿子贝聿铭担纲香港中银大厦的设计师。贝聿铭欣然应允。这无疑是个历史性的决定，在中国银行的历史和贝聿铭的建筑生涯中都意义非凡。可以说，**中国银行有"远见"，贝聿铭具"卓识"**。

然而，贝聿铭面临重重困难。其中一项挑战是，新中银大厦所处的香港中环地带，摩天大楼密密麻麻，大厦的地皮面积狭窄，处于斜坡上，三面都环绕着高架桥，两个街段以外，是当时世界上最昂贵的未来主义风格的汇丰银行总行大楼。由于1997年香港即将回归祖国，新中银大厦必须象征香港繁荣昌盛的未来，还要比汇丰银行总行的大楼更高。贝聿铭说，**这将是一座"代表中国人民的抱负"的标志性建筑**。

传统高层建筑，楼越高，柱子越粗，支撑建筑物重量的框架必须用横向拉条（lateral bracing）加固，以起到稳定的作用。由于香港经常受台风袭击，因此高层建筑横向拉条的标准是纽约的两倍。

贝聿铭从竹子那里得到灵感，想将大厦的平面对角划成四组三角形，每组三角形的高度不同，外形像竹子的"节节高升"，象征着力量、生机、茁壮和锐意进取。**他充满诗意地将这个构思比喻成"雨后春笋"——在中国传统中，这是再生和希望的象征**。

他与同事设计了一个创新性的超级合成桁架，将所有的承重都通过"X"形的交叉支柱（cross bracing）转移到四个巨大的角柱上，受力分散到四角，建筑内部不需要支柱，也不需要横向拉条，整个结构框架像一个四角凳，既轻盈又坚固，而且节省了大量材料和资金（见本书彩插图片46）。

中国银行给贝聿铭发来电报，对建筑外面众多的"X"形拉条深表关注。这些拉条可以用来抵御侧向风力，但在中国，会令人联想到罪犯脖子上戴着的枷锁，上面写有他们被打叉的名字。银行高层担心，这样的外观会冒犯客户。贝聿铭说："他们婉转地建议我考虑那些'X'（可能引发的联想）。我回复说：'X'拉条是设计中最重要的部分，整座大楼依靠它们支撑和固定。"（Michael T. Cannell, *I. M. Pei*: *Mandarin of Modernism*, Carol Southern Books, 1995, p. 336）为了避免形成负面印象，贝聿铭巧妙地将这些"X"描述成一系列交叉连缀的宝石。这种吉利的比喻令银行高层转忧为喜。

大厦东、西两侧各有一个庭园，园中的流水顺着地势缓缓而下，既可以减弱周围高架道路的交通噪音，还具有吉祥的内涵——水流生生不息，隐喻财源广进，好运连绵。

因中国人相信数字"8"意味着"发"，封顶仪式定于1988年8月8日举行。中银大厦楼高315米，加顶上两杆的高度共367.4米，成为当时香港最高、世界第五高的建筑物，至今仍是香港的地标之一。

贝聿铭1935年去美国留学、工作，1954年入美国籍。有些移民在两种文化中挣扎、迷失，找不到归宿。贝聿铭却从容地跨越了文化鸿沟，收获了双重文化体验带来的创意和灵感。他认为，在自己身上，两个世界并存，在从事建筑设计时，他会不断回望自己的中国文化背景。

他推崇《道德经》，说自己从儿时起就开始读《道德经》，但到上大学时还是没有读懂。大学毕业后，他继续一直读、反复读，他认为老子的文字对其建筑思维的影响也许远胜过其他任何事物。

1984年，我第一次到香港，身为过客，和朋友一起游览尖沙咀。隔着维多利亚港港湾，看到对面的港岛高楼林立，十分壮观。朋友说，湾仔的合和中心是香港第一高楼。十年后，我再次来香港，到香港城市理工学院工作。中银大厦已经成为香港第一高楼。许多同事告诉我，因大厦的外形像把刀，其中一面的"刀锋"直指港督府（今香港礼宾府），引来了大量有关风水的热议。贝聿铭设计时是否曾考虑这些风水问题？这把刀是否真的发挥了作用？港督府又是如何化解的？更重要的是，作为一名建筑师，贝聿铭怎么看待自己和自己的作品？

2019年6月12日

2-16　贝聿铭与香港中银大厦（二）

港督卫奕信（David Wilson）找风水师解决了中银大厦的尖角直指港督府的问题。一天，卫奕信夫妇邀请贝聿铭夫妇去港督府做客。卫奕信指着花园里新增的"滑稽部分"，对两位客人说："在许多人眼里，港督府代表了英属香港政府，于是我们在港督府里对着中银大厦那个尖角的直线上种了两棵柳树，算是采取了保护措施。柳树的形状柔和、圆润，对大厦'刀锋'般的尖角起到了缓冲作用。就这样，问题解决了，皆大欢喜。"（Michael T. Cannell, *I. M. Pei: Mandarin of Modernism*, p. 338）

贝聿铭去世后，香港报纸有不少重提当年中银大厦带来的其他"风水问题"的一些谈论，比如，中银大厦旁边后建的花旗银行大楼采取了呈书本开页形状的设计，其开页正好与中银大厦的尖角相对应，据说亦是为了阻挡"杀气"。另一个受波及的是汇丰银行大楼，因为正对着中银大厦的"刀锋"，据说业绩因此受到了影响。于是汇丰银行便在楼顶加装了两座正对着中银大厦的"炮台"（实为起重机吊车），与中银大厦形成"刀炮之战"，作为化解的策略。结果，汇丰银行的业绩果然有了好转。

汇丰银行大楼的落成时间早于中银大厦，在银行家们搬入新总部之前，风水先生称，应将那一对以原银行经理名字命名的、平卧造型的铜狮子"斯蒂芬"（Stephen）和"斯蒂特"（Stitt），在星期天早晨4点钟时放到入口两侧担任守卫，并且两头狮子必须同时运到那里，以免它们互相嫉妒，而银行董事们则必须在那里隆重欢迎狮子的光临。中国银行的"回应"则是在大门口放一对体积更大、外貌更"凶猛"的狮子。

故事还没有完。1999年落成的长江集团中心，位置毗邻中银大厦。集团主席李嘉诚听取风水师的意见，决定将新总部建得"正正方方"，为的是使从中银大厦来的"杀气""无缝可入"。

贝聿铭是怎么理解风水的呢？

请看贝聿铭与在贝聿铭建筑事务所工作的林兵的一段对话（盖罗·冯·波姆著，《与贝聿铭对话》，林兵译，台北：联经出版事业股份有限公司，2003年，第193—194页）：

　　林：作为一个现代派的建筑师，您相信风水吗？

　　贝：风水与自然有关，人也是自然界的一分子。虽然中国传统以山和水作为大自然最重要的组织部分，但人也在其中，因此谈风水也必须讲人。不过，现在很多人却把风水中"人"的因素给忘了,只是单单地观山看水。

林:从建筑设计的角度来说,风水是否对您有影响?

贝:应该说,风水是有道理的。我蛮相信"风水"。可惜,风水逐渐地变成了一些人的生财工具。客户想盖一栋建筑物,我会对地理环境进行评估,其实这也算风水。但我的思路会有些不同,可能更会从美学的角度来考虑。所以说,我起初对风水是蛮有兴趣的,可是后来风水转变成迷信之后,我就对这类"风水"不屑一顾了。现在有些地方的风水先生主宰一切,这是可悲的。

我想引用《贝聿铭谈建筑风水(访谈实录)》(http://www.ida168.hk/index.php?m=content&c=index&a=show&catid=24&id=11,访问时间:2019年7月10日)中的一段对话:

记者:您现在要是回顾自己的这一辈子设计过的这么多东西,您认为自己是一位怎样的设计师?

贝:很难说,我是比较保守一点的,可是因为问题想得穿,想得透,总有一点好结果的。我的建筑比较保守,因为我想来想去建筑是与历史有关的,你不能像做衣服一样。

记者:赶时髦。

贝:时髦的东西一两年就甩了,你再来个新的。建筑不能这样子,建筑要至少二十年、五十年、一百年,希望一千年。所以建筑师下手要比较想得透一点,不赶时髦,我不是时髦建筑师。

"执大象,天下往,往而不害,安平泰。"(《道德经》第三十五章)几十年过去了,香港中银大厦早已被香港市民接受,其独特的外形设计使它成为香港最令人瞩目的地标之一。中国银行香港分行的钞票设计也采用了中银大厦的图案,使它成了百姓日常生活的一部分。**中银大厦的设计,暗合了古老的中华文明"天人合一"的哲学思想。**

停笔前,看到2019年7月6日的香港《信报》引用的贝聿铭说过的另一段话:"你不必总把自己的风格加到作品里,使每个地方的建筑都雷同。创新不是我的目的。我是在时代、地域和出现的问题中寻找创新。"

创新不是赶时髦。时间证明永恒。

2019年7月10日

主要参考资料:

1. Michael T. Cannell, *I. M. Pei: Mandarin of Modernism*, Carol Southern Books, 1995.

2. 盖罗·冯·波姆著,《与贝聿铭对话》,林兵译,台北:联经出版事业股份有限公司,2003年。

3. 周寄欣,《建筑梦——向贝聿铭先生致敬及联想》,《香港信报》,2019年7月6日。

2-17　昆阳郑和公园访问记

最近去云南,特地去明朝航海家、外交家郑和的出生地昆阳参访。儿时,在福建沙县听过印度尼西亚归侨讲三宝太监七下西洋的故事。他们说,印度尼西亚有许多郑和遗迹,还有以"三宝"冠名的地名,当地居民视郑和为神灵,建三宝庙膜拜他。数十年来,我一直忘不了这些故事。

郑和(1371—1433),回族,原姓马,小名三保,又称三宝,明朝昆阳州(今云南省昆明市晋宁区昆阳街道)人。11岁时,明朝军队攻入云南,他被掠走,带到南京,入宫当了太监。明成祖朱棣起兵夺帝位时,他立下战功,深受信任,被赐姓"郑"。**郑和家族信仰伊斯兰教,明成祖派他下西洋,重任之一是与信奉伊斯兰教的国家沟通,建立和发展关系。**

这是15世纪初世界航海史上的空前壮举。1405—1433年的28年间,郑和率领庞大的船队七下西洋。在第七次航行中,他因劳累生病,返航途中病逝于印度西海岸古里。大部分学者认为,郑和葬在海外,而南京市江宁区牛首山南麓的郑和墓可能只是他的衣冠冢。

昆阳当地人怀念郑和,虽然那里没有郑和故居,但到处可以见到他的名字。

2019年6月的一个周末,我和云南财经大学的两位研究生访问了昆阳郑和公园(见本书彩插图片47)。

郑和公园里有郑和父亲马哈只的墓,还有郑和第一次出使西洋前为父亲立的"故马公墓志铭"碑。现在看到的马哈只墓是20世纪60年代以墓四角的石框为界,用条石和水泥砌筑成的,保持了伊斯兰教长方形墓的形制。

郑和碑林馆可能是我近年见过的最大的碑林馆,馆里有由64块墨石制成的高1.2米、宽0.8米的碑刻,内容为明朝至当代以郑和七下西洋为主题的名人撰文,其中有明成祖朱棣、明宣宗朱瞻基的诗。

我逗留时间最长的是郑和纪念馆。展览前言说:"**郑和航海,早哥伦布87年,早达·伽马92年,早麦哲伦114年,以其船舶之巨、船员之众、规模之大、时间之长、航程之远,创造了航海史上的奇迹;以友好交往之深、经济贸易之广、文化交融之盛,铸就了中国古代和平外交的辉煌。**"

郑和的船队规模最大时拥有200多艘船,船队最大的海船——郑和宝船——是当时世界上最大的木帆船,可载800人,船员最多时达27 000多人,航线多达40多条,总计航程160 000海里,访问了亚非30余国,是世界古代航海史上人数最多、行动范围最广的远洋航行活动。

每到一处，郑和首先会向当地的国王宣读来自朱棣的诏书，对国王以及皇室贵族们进行赏赐，赏赐物有金银、玉帛等，而大多数国王也都会将本国的土特产作为回礼交给郑和，让他带回中国。

展览介绍了一个郑和调解暹罗与满剌加纠纷的故事：郑和首航西洋时曾赐满剌加国王印信，后来印信被暹罗国劫持，事情反映到大明朝廷，明成祖安排郑和二下西洋时去处理。暹罗国王诚惶诚恐，以为郑和此番必定兴师问罪，遂将印信交与郑和，但郑和没有接受，国王于是表示愿随郑和到天朝拜见大明皇帝。郑和答应返还时一同前往，满剌加国王十分高兴。之后，国王随郑和船队到了南京，拜见了明成祖。

据统计，明成祖朱棣在位 22 年，与郑和下西洋有关的亚非国家使节来华访问共 318 次，平均每年 15 次，最多时有 18 个国家的使团同时来华，更有文莱、满剌加、苏禄、古麻剌朗国等 4 个国家先后 7 位国王亲自率团前来，有 3 位国王在访问期间病逝，他们立下遗嘱要托葬在中国，明朝都按照王的待遇将他们厚葬。

展览结语说："郑和七下西洋的伟大壮举，在世界航海史上写下厚重的一笔。郑和船队与风浪搏击的无畏气概、包容开放的胸襟、敢为人先的勇气和开拓创新的精神已经成为全人类的宝贵财富。"

那个时代，**西方航海家进行"地理大发现"活动，动机是逐"利"，寻求殖民统治和贸易机会。但明成祖派郑和下西洋的动机主要是求"益"**，他在明朝早期国力最为强盛的时期登上皇帝宝座，为了展示王朝的繁荣富强，加强与海外的联系，派郑和下西洋。郑和七下西洋，不仅提升了中国的国际影响力，还收获了许多国家的信任和友谊。二者的出发点不同，效果自然也不同。

郑和具有非凡的智慧和超强的组织能力，统帅一支巨大的船队，在茫茫大海中，历经千难万险，完成了使命。

尽管郑和未能荣归故里，但昆阳人为令他们骄傲的儿子在一座山上建了公园来纪念他。青松古柏中，一尊花岗石郑和巨幅雕像雄伟屹立，俯瞰昆阳以及浩瀚的滇池，象征着当年郑和船队在波澜壮阔的大海上劈波斩浪，勇往直前（见本书彩插图片 48）。

与我一起访问昆阳的云南财经大学的一位研究生说："在了解到郑和航海的具体事迹后，我发现他不仅仅是一位航海家而已。从现代的观点来看，他更是一位集地理学、天文学、语言学、文化学等多门学科知识于一身的科学家。我很佩服他探索未知的精神和对于科学的实践精神。"

另一位研究生写了一副对联：

劈涛斩浪七下西洋传文明送吉祥促平等
扬帆远航卅国留踪开航路通有无永流芳

"**前后相随**"（《道德经》第二章），今天在"一带一路"倡议指引下，中国人民扬帆出海，广结善缘，与各国人民一起发展经济，共享和平。郑和的在天之灵一定会觉得欣慰，他的事业后继有人。

2019 年 6 月 8 日

特别感谢：崔海浪，唐煜，聂元昆

2-18　世人都晓神仙好，惟有功名忘不了？

经历三年多的翻新、优化，香港尖沙咀的星光大道于 2019 年年初重新对外开放。星光大道是一个以香港电影为主题的旅游景点，每月吸引约五十万名游客到访，是香港的著名景点之一。

新星光大道东头，有座醒目的约两米高的李小龙铜像（见本书彩插图片 49）。据说，铜像采用了他在电影《龙争虎斗》里的"起手式"造型，底座用流水阶梯设计，象征着截拳道"水的哲学"。铜像周围没有围栏，游客可以与之"亲密合照"。

当年，李小龙从一个街战少年蜕变为一代功夫电影明星，首功当归于他的师父叶问。叶问是咏春拳宗师，在他的悉心调教下，李小龙进步神速。李小龙后来以咏春拳为基础，逐渐形成自己的武术风格，二十几岁就创造了截拳道，还发展出富有哲理的武术理论。通过武术电影，李小龙将中国功夫推向全世界。20 世纪 70 年代，许多地方因他而掀起了一股中国功夫热潮。

李小龙为了名利，一丝不苟地训练、拍戏，身体严重受损。1973 年 5 月，他突然昏迷，被送往医院急救。当月，他专程前往洛杉矶找名医做全身检查，医生没有发现他的大脑有异常，说他的身体棒得像 18 岁的小伙子，认为昏迷是由于过度工作和疲劳引起的。两个月以后，李小龙在香港一位友人家中猝逝，年仅 33 岁。

作为师父的叶问，常年淡泊无闻。虽然教出了包括李小龙在内的一批高徒，但在功夫圈外鲜有人知道叶问之名。叶问平日里以饮茶和斗蟋蟀为乐，古稀之年还成立非营利组织叶问国术总会，宗旨是"团结同门及合法推广教授咏春拳，发扬传统功夫文化"。叶问以 79 岁高龄辞世，被安葬在香港粉岭蝴蝶山。

互联网资料显示，叶问墓离港铁粉岭站不远，十几分钟就能走到。某网站介绍说，那一带"偏僻阴森，最好结伴而行"。5 月的一个星期天，我去瞻仰叶问墓，发现那里确实不好找。

我在粉岭站下车，然后经过蓬瀛仙馆，走到田心村前，再行至粉岭救恩学院附近，顺着右边的黄色栏杆拾级而上，沿仅有的一条小径向前。小径左边是竹林或树林，右边是一座座坟墓，其间先后看到两个"咏春叶问宗师墓地"的指示牌。我一直向前，走到似乎无路可走时，前方左边有座坟，右边有几级混凝土台阶。但此时没再看到指示牌，沿路的右边坟墓众多，我担心大热天白跑一趟，于是走上台阶碰碰运气。

上台阶后，我看到几座依山而建且紧紧挨着的坟墓，最上面的那座墓，只能看到顶部，有点像照片里的叶问墓顶。走上前一看，果然是叶问墓（见本书彩插图片50）。墓地设计简朴，墓碑上刻有"佛山"二字，正中是"叶公继问之墓"六个大字，右下角刻着"咏春派宗师"，左边刻着立墓人（他的两个儿子与三个孙子）的名字，但没有生卒年月。最显眼的是墓碑上方的黑白半侧面肖像照：叶问的头发剪得很短，脸上带着平和的微笑。若不知叶问其名，恐怕会以为这不过是某个寿终正寝的普通老翁。墓碑前有几根未燃尽的香烛，我猜，应当是清明节期间叶问后人来祭扫过。

站在叶问墓前可见正前方的树很密很高，穿过树缝隐约能看到粉岭救恩学院黄色的建筑物。我拍了些照片，向叶问像鞠了三个躬，以示敬意，随后离开。山野寂静，除了我，偶有蝴蝶飞过和几声清亮的蝉鸣鸟叫，再无其他动静。叶问好静，这个幽静的墓地，无疑是个长眠的佳处，不知是否叶问先生生前自选的呢？

我一边下山，一边想着星光大道的李小龙铜像。李小龙当年一定不曾预料自己身后会产生如此持续的声誉。是喜？是悲？铜像前拍照的游客络绎不绝，其中许多应该是他的"粉丝"（追星者），而其他人可能不过是在那里"打卡"而已。许多游客，尤其是年轻游客，到网红景区并不代表喜欢或不喜欢，更无所谓"忠诚"，只是让人知道"我已在这个大家热议的地方'一游'"。

习武讲传承。但是，**李小龙似乎只"传递"与"心领"了叶问的拳法，却没有"继承"与"神会"叶问的"心法"**，即叶问为人处世的"真功夫"，否则他或许不会英年早逝。在中国文化中，功夫不是为了表演，甚至也不是为了格斗，而是一种"以武证道"的修身养性之法。我曾写过一篇短文，认为：**李小龙求武道，精武术；叶问重武德，法自然。李小龙聪明有余，而叶问智慧通达。聪明与智慧，境界相差甚远，境遇也有不同。**李小龙至今仍然"威名远播"，而许多人若不是因为电影《叶问》，可能至今都不知道有叶问这个人。师徒二人的生平与境遇之对比，令人玩味。

老子说："圣人之治，虚其心，实其腹，弱其志，强其骨……为无为，则无不治。"（《道德经》第三章）这段话在本文中可理解为：得道之人为人处世的原则包括减少欲望，脚踏实地，顺其自然，爱护身体……不乱来，则平安。

当下社会，物欲横流，空气中充斥着浮躁，要做到叶问那样的平心静气，何尝容易！我曾在EMBA课堂上跟学生们探讨如何平衡"钱"与"命"的关系。他们人到中年，事业有成。我们以李小龙和叶问为例，讨论**"名与身孰亲？身与货孰多？得与亡孰病？"**（《道德经》第四十四章）。我们的看法是：**人要贵生、自爱，对名利要适可而止，知足常乐。**

写到这里，耳边响起了小说《红楼梦》第一回中跛足道人唱的《好了歌》："世人都晓神仙好，惟有功名忘不了……只有金银忘不了！"

人生有可能做到鱼和熊掌兼得、一生平安吗？

2019年5月23日

2-19　罗汉寺与罗汉娃

2008年5月12日，四川汶川地震，邻近的什邡亦未能幸免。当天，什邡市妇幼保健院房屋坍塌，20余位临产产妇无处生产，情况危急。什邡罗汉寺的38位僧人知悉后，打破宗教禁忌，敞开佛门净地，搭建帐篷安置孕产妇。一时间，"**寺院变产院，禅凳做产床**"。医务工作者们则冒着余震的危险，返回保健院，抢出手术器材，在禅凳拼起来的"产床"上接生。这个临时产院一直持续到当年8月，保健院撤出时，恰有108个孩子在罗汉寺里出生，这些孩子自然地被称为"罗汉娃"。

受到这一故事的感召，今年秋天，我与西南财经大学的谢庆红教授和付晓蓉教授一同前往罗汉寺参观。

罗汉寺始建于709年，为佛教禅宗临济宗主庙，是禅宗第八代祖师马祖道一禅师出家和晚年说法的地方，素有"西川佛都"之誉。

我们有幸见到了住持素全法师。我们想听法师详细谈谈这段经历，他却淡淡地说："罗汉寺只是做了一件小事，这事已成为过去。"然后，话锋一转道："马祖说过，**出家人要有平常心**。禅宗六祖惠能'菩提本无树'的公案与他倡导的'顿悟'禅法广为人知，但大多数人不了解马祖提出的'三段论'禅法：从'即心即佛'到'非心非佛'到最后的'平常心是道'。也就是说，'**一切慈悲心以平常心为基础**'。""马祖生活在封建时代，我们生活在社会主义时代。当下而言，平常心是社会责任感。佛无定法，众生的苦难就是我们的苦难。民族有难时，我们必须奋不顾身，救死扶伤。血光是寺庙忌讳，但是，地震在眼前发生，见死不救乃是最大的忌讳。僧人也是血肉之躯，既要出世也要入世。"

说到这里，法师笑了起来："《金刚经》说：'过去心不可得，现在心不可得，未来心不可得。'活在当下，身边事，做了就过去了、放下了，不值得谈。""这段经历可以用四个字总结：'**正大光明**'——正正需要时，要大放光明。当初杜甫在成都草堂居住，受佛教思想熏陶，写下一首《春夜喜雨》。这首诗体现了一种'无我'的境界。前两句，'好雨知时节，当春乃发生。随风潜入夜，润物细无声'，好比种水稻的农民，对他们来说，春雨是当下正符合时节的好雨，虽滋润万物，却是在夜间随风而来，静悄悄地潜入。助人要使被帮助的人有尊严。接着的一句，'野径云俱黑，江船火独明'，可以理解为人们有难时，以自己独有的能力帮助他们。最后一句，'晓看红湿处，花重锦官城'，指的是个皆大欢喜的结果！出家人，没大本事，对社会贡献微薄，却有饭吃，**要感恩，与大家互相依存**。事情过后，静静地放下。"

我从小就会背《春夜喜雨》，却是第一次听到这样的解读，甚觉新鲜，细想起来，这或许就是罗汉寺在发生大地震时所作所为背后的哲理吧。

交谈不紧不慢地持续了一个多小时，快结束时，素全法师说：**"佛教影响了中国文化，中国文化丰富了佛教思想。"** 我想，**佛教与中国文化的关系是一个"有无相生"**（《道德经》第二章）、虚实并举的共生典范。

罗汉寺清幽、庄严，难以想象当年震后余生的紧急场景。如果非得要找寻"产院"的痕迹，当时生产时作为产床的禅凳可以作为例证（见本书彩插图片51）。

在原来搭建帐篷的地方，如今立有一块约两米高的石碑，一面刻着《一百零八罗汉娃诞生地碑记》，另一面刻着108个罗汉娃的名字（见本书彩插图片52）。碑记记录了当年罗汉娃们出生的经过，其中两句我记忆犹新："世间万态慈悲是本，人世沧桑大爱为根。"这不由得让我想起素全法师的一番话："这些孩子长大后，也许很平凡，也许会有大成就。他们每个人都像一盏灯，有些是10瓦的，有些是1 000瓦的，不管他们是多少瓦的，只要给别人带来光明，就不枉来这世上一遭。"

我想，正如法师阐释的《春夜喜雨》一般，大爱的春雨已播撒在罗汉娃们的心田，而此次罗汉寺之行的所闻所见所感也无声地润泽了我们的心灵。

正大光明，爱心长存！

2019年10月31日

特别感谢：素全法师，谢庆红，付晓蓉

2-20　从无知开始认识自己的苏格拉底

希腊是西方文明的发源地之一。古希腊人**苏格拉底（Socrates）是西方哲学的主要奠基者，也是著名的教育家。**

出于仰慕，最近去希腊首都雅典，我特地去寻访雅典学院（Academy of Athens）主楼外的苏格拉底大理石坐像。苏格拉底右手支着下颚，仿佛在思考（见本书彩插图片53）。雅典学院是希腊的国家科学院，在那里安放一个"高高在上"的苏格拉底的雕像，蕴含着继承先贤智慧的寓意。

苏格拉底生前"述而不作"。他的生平和学说，主要来自门人弟子的记载。下面摘录两个故事：

"认识你自己"是苏格拉底的哲学原则。古希腊人心存疑问时，会前往德尔菲阿波罗神庙传达神谕的地方提问。有一次，苏格拉底的朋友凯勒丰去那里提问："有没有人比苏格拉底更聪明呢？"得到的回答是："没有。"然而，苏格拉底却常说自己一无所知，要"认识自己"。苏格拉底解释说："承认自己无知，是智慧的起点。该回答并非认为我聪明，而是提醒大家去寻找比我更聪明的人。"他指出，我们来到这个世界，无知是我们唯一的所有——"我只知道一件事，那就是我什么都不知道。因此，**我从无知开始认识自己，认识世界。**"

山外青山楼外楼，能人背后有能人。**人人都是井底之蛙，处处都是弹丸之地。**看到自己的短处，跳出框框，向世界学习，不断纠偏，另辟蹊径，才能让自己变得更好。

苏格拉底将一生都献给了教育事业。他对学生一视同仁，使用启发式教学法，认为生活处处是课堂。他常与学生漫步畅谈，随处讲学，随处点拨。

有一天，苏格拉底带领学生们来到一块成熟的麦田边，眼前麦浪滚滚，金光闪闪。苏格拉底对他们说："现在大家穿过麦田，每个人都摘一株最大的麦穗，只许进，不许退。"学生们很兴奋地往前走，有的左看右看，东挑西拣；有的摘了一株，但不满意，便随手扔掉，以为前面会遇到更大的；也有的眼花缭乱，总觉得还没有找到最大的麦穗，于是继续往前找。突然，大家听到了苏格拉底的声音："你们已经到麦田尽头了。"

不少学生两手空空，如梦初醒，回头望了望麦田，无数麦穗随风摇摆，似乎在为他们摇头惋惜。

苏格拉底对他们说："这块麦地里，到处都是麦穗，很难比较哪一株最大，即使碰到了，也未必能准确判断。因此，见到颗粒饱满的麦穗，要不失时机地摘下它。追求最大的是对的，但把眼前的大株麦穗拿在手中，这才实在。"

苏格拉底曾说，他并没有多少理论，只是通过引导，将思想的种子播撒在学生们的心田；或通过提问，让学生们自己判断与摸索，一步一步得出正确的结论。这使我想起老子说的"千里之行，始于足下"（《道德经》第六十四章）。人的一生，像在麦田中前行，有人优柔寡断，"这山望着那山高"，一而再，再而三地错失良机。也有人把握当下，不失时机地摘下饱满的麦穗，见好就收。**人生短暂，选定方向，抬头看路，低头拉车。**人要有志，但若无"足下"，何来"千里"？

苏格拉底主张言论自由，晚年被雅典法庭以不敬神和腐蚀青年思想两项罪名，判处服毒自杀。他的"罪行"始于前面提到的对德尔菲神谕的解释。他的学生们主动打通了所有的关节，劝他从狱中逃走。他们说，法院的判决并非正义，既然如此，老师没必要做无谓的牺牲。然而，苏格拉底拒绝逃走。他坚信，法律是公民们与城邦的"契约"，应该坚定不移地执行。既然城邦判决自己有罪，那就应当以身作则，主动维护法律的权威，只有人人都自觉守法，城邦才会强大。毒堇是欧洲很常见的一种有毒的香草，相传，苏格拉底就是喝了这种植物的汁液而死。他死时相当平静。

思想使人成熟，智慧使人流芳。苏格拉底对智慧终生不渝的探索，对学生有教无类的引导，对信仰矢志不移的坚守，对于今天从事教与学的我们，深有启示。

2019 年 8 月 5 日

2-21　德尔菲阿波罗神庙散记

2019年7月底,我访问雅典,在一个阳光灿烂的日子驱车前往希腊神话的发祥地之一德尔菲（Delphi）遗址。

源　流

传说宙斯（Zeus）是众神之首,统领世界,他派出两只鹰从世界的两端同时向东、西两方起飞,它们在帕那索斯（Parnassus）深山里的德尔菲相遇。宙斯据此断定此地为世界的中心,并派儿子太阳神阿波罗（Apollo）前来管理。

大约从公元前7世纪起,人们开始建立阿波罗神庙,以求神谕,即闻名遐迩的德尔菲神谕（Delphic Maxims）。德尔菲神谕对古希腊的宗教、政治和社会生活各方面都曾起到重大作用。古希腊泛指在爱琴海地区使用希腊语的所有城邦,并非统一的国家。各城邦颇有《道德经》中"小国寡民"的意味,各自为政,但彼此间也难免存在冲突。每逢战事,城邦领导人祈求神谕就是必不可少的。彼时,女祭司站立在直通地底深处火山断层的神庙边,从地缝里涌出的神秘气体将她环绕,一旦"神灵"注入,她便在一种近乎迷幻的状态下答问、传达神谕,从而直接引发、加速或止息战争。

大多数德尔菲神谕与中国古代儒释道各家流传的诸多格言相类,是指导社会行为的准则或探寻世界真相的哲理,比如刻在阿波罗神庙入口处的那句最有名的"认识你自己"（Know Yourself）。其思想与哲学的非凡魅力,曾让苏格拉底慕名而来。

4世纪,罗马征服希腊,信奉基督的罗马皇帝查封了德尔菲,阿波罗神庙逐渐坍圮,周围的居民也陆续迁离。直到19世纪末,人们才重返德尔菲,发掘、清理神庙,建立考古博物馆。1987年,曾经尘封了十数个世纪的阿波罗神庙,作为古希腊文明的一个缩影,被列为世界文化遗产。

圣　域

我顶着当头烈日沿坡而上,向位于德尔菲半山的神庙遗址进发。

遗址被称为"圣域","之"字形的"圣路"两旁是古希腊各城邦建造的祈愿或纪念性质的建筑物,如祭坛、纪念碑、宝库、柱廊。除了纪念公元前490年马拉松战役（Battle of Marathon）胜利的雅典人宝库（Treasury of the Athenians）仍然保存较好,其他大多数建筑的模样已难辨识,其中存放的神性雕像也大多无迹可寻。

空地上有一块锥形石头,放在方形基座上。传说这便是宙斯派出的两只鹰汇合的地方,即"世界中心之中心",又称翁法洛斯（Omphalos,"地球的肚脐"）。这块石头是仿制品，真品收藏在离遗址不远的德尔菲考古博物馆里（见本书彩插图片54）。至于神话中"世界的两端"，应该不会超出环地中海地区很远。

继续往上走，到了阿波罗神庙遗址（见本书彩插图片55）。据传，德尔菲相继建过六座阿波罗神庙，现存的是第六座，建于公元前330年，呈长方形，长约60米，宽约25米，前后两面（东北与西南）各立有6根简洁典雅的大石柱，侧面则各有15根。历经千年的风雨沧桑，现在石柱仅余下6根，但依然壮观。石柱周边被栏杆围着，**无法看到神谕刻字的残迹**。我下山后，到博物馆时问过，工作人员说，时间太久了，没有任何刻字留下。传说中直通火山断层的裂缝，我也没有看到。神庙背靠峭壁，底下的深谷有数百米；前方视野开阔，抬眼望去，对面的青山一直绵延到科林斯海湾（Gulf of Corinth）。

再往上走，可以看到遗址中现存的两座最大的建筑都保存得比较好。其中的半圆形露天剧场（见本书彩插图片56），始建于公元前4世纪，重建于1世纪，35层的观众席依山而建，可容纳5 000人，在这里曾举办著名的皮提亚竞技会（Pythian Games），进行音乐及戏剧比赛。1927年，人们在这里创办了德尔菲节（Delphic Festival），演出古希腊悲剧，试图再现当初的盛况。

遗址的最高处是一个长方形的竞技场（见本书彩插图片57）。据其文字介绍，公元前5世纪，人们就已经在这里举行田径比赛，观众常席地观看。后来又造了十几排石头观众席。这是全希腊保存最完好的一座古竞技场，长180米的跑道，可以允许十七八个人同时开跑，标志着跑道起点和终点的石块以及终点处带靠背的裁判椅至今完好。这个竞技场可能是现代运动场的一个雏形。

鼎盛时期，德尔菲的几十座建筑应该与大山融为一体，如今却满目断壁残垣，地面坑洼不平，杂草随风摇曳。不过，我们依然可以想象当时的庄严和神圣。

归　途

两千多年前活跃在德尔菲的人们，依然在向我们传递什么样的精神感召呢？从强身健体、保卫邦土到追求精神愉悦再到信仰神谕、寻求超越，他们将保障生存、享受生活与滋养生命结合得何等紧密！遗址现存的三座最大的建筑物，在当时的重要性非同一般。在下山的路上，**我想找一个词表达竞技场、剧场、神庙之间的关联，却一时没有找到**。

走出遗址不久，我在路边偶遇了一个与我年纪相仿的当地人。他正用挡土墙出水口流出的汨汨泉水冲脚。见我大汗淋漓地经过，便让我喝些泉水解暑。我尝了一口，果然清澈透凉。我们聊起天来，我得知他祖祖辈辈住在德尔菲，名字叫"Peace"（皮斯，意为和平）。**我突然意识到，"Peace"就是我想找的词！**

从阿波罗神庙入口处的"认识你自己"（Know Yourself）到离开时偶遇"Peace"，我的德尔菲之旅竟如此圆满。**古往今来，个人和人类的命题从来都是始于"认识自己"，历经争执、希冀、追逐而归于"Peace"，无论是内心的平静，还是世界的和平**。这不也正是老子所说的"**执大象，天下往。往而不害，安平泰**"（《道德经》第三十五章）吗？

2019年8月18日

2-22　仰望雅典卫城

古希腊是现代西方文化的主要源泉之一，而雅典是古希腊最闪亮的明珠。我去过的欧洲城市，雅典似乎最与众不同。那里，在许多角落，无意间一抬头，便会看到古老的卫城，即使从很远的地方也可以看到卫城最高处的帕特农神庙（Parthenon Temple）。尤其是夜间，探照灯光映彻卫城，十分壮观（见本书彩插图片58）。恍惚之间，古今时空来回穿梭，我不止一次问自己，所看到的有没有可能只是海市蜃楼？而目之所及的景象又蕴含着怎样一种希腊精神？

卫城（Acropolis of Athens）原意为"高丘上的城邦"，是防范外敌入侵的要塞。**希腊的多座卫城，以雅典卫城最为著名**，其建在海拔150米左右的一片平顶岩上。雅典市区的山丘中，卫城不是最高的，但位置居中，顶部亦最平坦。卫城现今留存的主要是史称雅典黄金时代（前460年—前430年）的建筑遗迹。

卫城三面悬崖环侍，只可从西面步行上去。我们去的那天，一大早就到入口处，排长队买了票，在7月烈日的暴晒下，缓缓上山。虽然我们只是对希腊文化与历史有一点点了解的游客，来这里走马观花，但知道山上每一座建筑都是古希腊建筑的精品，因此心里充满期待。

山门（Propylaea）一带，地势险要，"一夫当关，万夫莫开"。山门于公元前437年开建，公元前432年停工前，大部分结构已完成，许多柱子幸存，目前部分屋顶已修复。山门虽破损，但依然可以感受到当年的雄伟气势。沿着长长的台阶上行，两旁巨大的廊柱引人注目（见本书彩插图片59）。

山门右方的雅典娜胜利女神庙（Temple of Athena Nike），始建于公元前420年左右，现在看到的外貌是19世纪考古学家修复的，是卫城神庙中的"矮个子"，看上去相当精致，可惜内部维修至今还在进行，不能靠近。根据古希腊神话，雅典娜（Athena）有一对助其战无不胜的翅膀。古雅典人故意在这座神庙内摆放了一个无翼的雅典娜神像，意在将胜利女神永远留在身边，以保护雅典。美国运动品牌耐克（Nike）的名字便来源于这个神话，象征"战无不胜"。

向上走不远，便到了平台。远眺，是蔚蓝色的大海，令人心旷神怡；近看，是大型古建筑遗址，让人感慨万千。我们游览的重点是位于卫城制高点的高大的帕特农神庙。

根据传说，雅典建城的时候，众神之首宙斯的哥哥海神波塞冬（Poseidon）以及宙斯的女儿雅典娜都想成为该城的保护神。他们斗法，看谁能为雅典人提供最有用的东西。波塞冬先用三叉戟敲击海面，波涛汹涌，淹没了大地，人们四处逃避；雅典娜志在超越，拿起长矛在地上一插，便长出了一片绿油油的橄榄林，人们喜笑颜开。海浪意味着战争与悲伤，而橄榄树象征着富裕与和平。**人们渴望和平，不要战争。"知其雄，守卫雌"**（《道德经》第二十八章）（有足以称雄的实力，却安守柔和的状态）的雅典娜，因而被指定为雅典的保护神，**人们将城市命名为"雅典"（Athens）**，视之为"热爱和平之城"。

雅典人在卫城建造了一座供奉雅典娜的神庙，称为帕特农神庙。有一个说法，说是因为雅典娜是终身未婚的处女（Parthenos），所以这座神庙就被称为Parthenon（处女神庙）。

"去希腊，看柱子。"希腊神庙的柱式是西洋古典建筑的精髓之一，是一种兼具力学与美学的系统结构，不仅承载结构，还展现美感，体现对视觉效果的深刻理解。**古希腊人发明了三种基本柱式：多利克柱式（Doric Order）、爱奥尼亚柱式（Ionic Order）与科林斯柱式（Corinthian Order）**。多利克柱式最基本、最古老，没有柱基，柱形比较粗大雄壮，由下向上逐渐缩小，中间略鼓出，柱身有凹槽，柱头没有装饰；爱奥尼亚柱式比较细长高雅，柱头有一对向下的卷涡装饰；科林斯柱式的柱头华丽，环绕着茛苕叶的装饰。

帕特农神庙于公元前447年开建，到公元前432年方才完成。由于采用了多立克柱式，一根根又高又大的柱子，底部到顶部都稍稍向内倾斜，以减少笨重感，看上去坚固、朴实、庄严，令人心生敬畏。**帕特农神庙被认为是多利克式柱神庙的典范，顶天立地**（见本书彩插图片60），人们可以从中想象出当时的威武和辉煌。据说，劳斯莱斯（Rolls Royce）汽车前面的吸气格栅设计灵感就源于希腊帕特农神庙正面的立柱，象征经"典"与高"雅"。

沧海桑田，千年风霜。卫城在频繁的战争中屡遭破坏，神庙破损，断壁残垣，残柱静立。

我们下山后，在卫城博物馆看到许多极精美的雕刻和雕塑。讲解员说，有一部分只是复制品，因为真品被掠走了，有些至今仍在大英博物馆"收藏"。

我翻阅过一些资料，希腊多山，许多城邦分为上城和下城，上城是卫城，建有神庙并具有防御功能，下城是行政、商业、居住区。古雅典阿哥拉（Ancient Agora；Agora是市场的意思）遗迹是古希腊最知名的市集，人们除了在那里购物，也讨论政治、时事和宗教。附近的普拉卡（Plaka）与莫纳斯蒂拉基（Monastiraki），房屋密密麻麻，街道弯弯曲曲，是十分繁华的购物区。店里可以买到各种各样用橄榄制作的食物。橄榄在古希腊具有神圣的宗教象征意义。在古代奥运会上，优胜者被授予橄榄冠，受到英雄般的礼遇。

去了卫城，我才明白，对古雅典人而言，**橄榄枝所象征的是雅典娜身上"知雄守雌"的精神**，代表一种机智勇敢的英雄主义。这是我参观卫城的一大收获。另一大收获是，我曾在世界各地见过许多使用希腊柱式的宏伟建筑，现在终于见到一大始源。**巨柱与橄榄枝，一为人工，一如"知雄"的外化，一为天造，一如"守雌"的内敛。**

希腊精神，不止于对和平的热爱，也是其自信从容的英雄主义的底色。这一层底色，似乎无法通过"言必称希腊"来"心领"，而是非到雅典，难以"神会"。

2019年8月10日

特别感谢：张宁，周志民

2-23　在雅典希罗德·阿提库斯剧场看歌剧

我站在雅典的露天剧场希罗德·阿提库斯剧场（Odeon of Herodes Atticus）外，很兴奋。

前一天，我来卫城看夜景，路过山脚下的阿提库斯剧场，偶然看到希腊国家歌剧院歌剧《茶花女》（*La Traviata*）的海报。该剧正在这里上演，第二天将是最后一场。我即刻去售票亭，可惜已经关门。当天傍晚，我赶了过来。售票亭前人潮涌动，排着长队。我运气好，在演出前两个小时，买到了一张票。

我的兴奋是有缘由的。**阿提库斯剧场是 161 年古希腊贵族希罗德·阿提库斯为纪念亡妻而建的。**在这么古老的剧场看歌剧的机会，万万不能错过。

阿提库斯将这座剧场捐给了雅典市政府。这是座依山而建的半圆形阶梯状剧场，条形石头座椅可以容纳 5 000 名观众。

上演《茶花女》是雅典埃皮达鲁斯艺术节（Athens Epidaurus Festival）的一部分。该节是希腊最重要的文化节之一，从 1955 年开始举办，每年一届，从 5 月持续到 10 月，邀请希腊和世界各地知名的戏剧、舞蹈和音乐艺术家前来演出。

我买到的是 25 欧元的《茶花女》自由座位票。演出 21 点开始，但大家 19 点就已经排起了长队，为的是早点进去，占到好位子。来看剧的，着盛装着便服的都有，男女老少，有说有笑。

我 20 点入场时，人已经很多。我想找机会聊天，看好了中间偏后一排的一个两人当中的位置，问清没被人占之后，便坐了下来。我们三人用英文交谈。他们都是雅典当地人，看上去三四十岁，一个说每年看一到两次歌剧，另一个说每年都看两到三次。他们说，**雅典人喜欢看歌剧**，估计现场观众当中本地人占百分之八九十。

天气很热，但是有晚风轻拂，西边云霞满天，日落很迟。

21 点前，人坐满了，天也正好暗了下来。但 21 点过 5 分还没有开演的意思，可以听到前方乐池里仍有乐队人员在调音，我问旁边的两位是怎么回事，他们都说，**雅典生活节奏慢，人们对不准时开演习以为常**。有人开始鼓掌（不是起哄），许多人回应，每隔几分钟就来一次，场面热烈。开演时，我看了一下手机：21 点 19 分。

歌剧《茶花女》改编自法国作家小仲马的小说《失足女》，由意大利作曲家朱塞佩·威尔第改编成歌剧。1853 年首演时无人喝彩，后来却成了世界各地上演场次最多的歌剧。小仲马曾说：**"50 年以后，也许谁都不记得我的小说，可是威尔第却使它不朽。"** 一个原因是歌剧情节感人：巴黎歌女薇奥莱塔因为喜爱茶花而被称为"茶花女"。远道而来的阿尔弗莱德向她表达爱意，两人坠入爱河。但因为阿尔弗莱德父亲的阻拦，阿尔弗莱德离开了她。薇奥莱塔因肺痨而病入膏肓，阿尔弗莱德在她死前赶回来请求她的原谅。她将自己的画像送给他做纪念，并叮嘱他要娶一个纯洁的女子，快乐地生活下去。随后，薇奥莱塔倒下，如茶花般凋零，飘落在她世上深爱之人的身旁。

舞台布景与演出的道具都简单大方，灯光交映变幻，演员们用意大利语演唱，舞台两旁显示希腊文和英文字幕。他们的歌声仿佛远古的魂魄，撞击着古老的壁垣。演员演技、乐队水平、音响效果都堪称一流。工作人员想得周到，在每个石头座位上都放了一块布垫。我们"居高临下"，看得聚精会神，仿佛是历史的听众，被一段段旋律和一幕幕场景牵动，掌声响起时，才被拉回"当下"（见本书彩插图片 61）。

舞台背景为露天的窗型高墙，在经历一场大火后，随形修理，保留了烈火的走痕。从外面看有一种破败倾颓的感觉，其实内部的一切都翻修过。**许多室内剧场希望观众把注意力集中在舞台上，但我见过希腊的几个露天剧场，它们同阿提库斯剧场类似，都是故意将观众席建在斜坡上，舞台背后没有高大的结构遮挡视线，据说是为了让观众与自然景观交融在一起。**

当天正好是月晦日。夜空晴朗，像块蓝布，抬头望时，这剧场的大背景似乎比天空还要辽阔深远，天上有几颗耀眼的星星，缓缓移动，上演着亘古不变的斗转星移。

几乎没有人中途退席。三个钟头过去，演出结束。彼时午夜已过，暑气已经小了很多。退场秩序非常好，没有一个人为了早点离开而翻越座椅，大家从座位边的走道鱼贯而出（见本书彩插图片 62）。不到 15 分钟，所有的观众都退出了剧场，实在没有拥挤的必要。

凌晨 1 点左右，我回到了酒店。希腊是西方戏剧的发源地，有机会在离开雅典的前一夜在阿提库斯剧场与雅典人一起看歌剧，那一方石，这一坐，好像跨越千年。回忆美好，**"天长地久"**（《道德经》第七章）。

2019 年 8 月 2 日

2-24 "到机场后，跟我走"

上个月，我去韩国首尔开会，往返搭乘的都是韩亚航空公司（Asiana Airlines）的航班，觉得很亲切。

这跟我十几年前的一次旅行经历有关。2004年4月下旬，我和大女儿第一次去汉城旅游，那时这个城市还没有改名叫首尔，我们来回乘坐的都是韩亚的航班。当时，汉城机场与仁川机场之间还没有修建地铁，来回都要乘坐机场大巴。

我们参观了很多景点。印象最深的是朝鲜王朝时期的几个皇宫。景观最美的是昌德宫，它建于1405年，被用作王朝的正宫有两百多年之久，建筑物与周围的自然景色浑然天成，宁静祥和。昌德宫在1997年被评为世界文化遗产。

根据我的经验，在登机手续截止时间之前预留一个多小时，应该够了。为了预防堵车而赶不上航班，在离开汉城的前一天，我向酒店工作人员了解去机场大巴的时间表，决定第二天乘坐能够提前两个小时到达机场的那一班。

第二天天气极好，春光明媚，阳光灿烂。大女儿和我都心满意足，因为我们把想要参观的景点都参观了，而且汉城每天都是大晴天，气温不高不低，空气也不潮湿，感觉非常舒适。想到就要离开了，我们有点儿依依不舍。

机场大巴按时抵达酒店，接上乘客后，按照路线继续去附近的酒店接旅客。终于，大巴车接完所有的乘客，只要穿过市区，驶入机场高速公路，很快就能到达机场。

那天是五一国际劳动节，街道上依稀走过几支游行队伍，有警察在管制交通，让游行队伍先过街口，再放行车辆。大巴车走走停停，行进得很慢。

起初，游行队伍只是间隔着出现，车上的乘客们都没有在意。但是，大巴车经过几个街口后，游行队伍渐渐多了起来，很快就越来越多，而且首尾相连，被堵的车辆排起了长队，每过一个街口要等待的时间也越来越长。最后，路上的所有车辆干脆都停了下来，根本动不了了。

时间一分一秒地流逝，我开始感觉情况不妙。我离开座位，向司机走去，尝试和他沟通。我告诉司机我所乘坐航班的时间，并问道："大巴什么时候可以到机场？有没有其他能够更快到达机场的路线？"司机可能是英文不太好，也可能是其他原因，总之，他没有回答我，只是示意我坐下。看得出，他也很无奈，什么都做不了，只能沉住气，坐在驾驶座上，继续看着前面的车龙和络绎不绝的游行队伍，毫无表情。眼看登机时间越来越近，可是车子一动也不动，我开始焦急起来，其他乘客也有些坐不住的样子。

游行队伍终于全都走过街口，漫长的等待过后，街道交通逐渐恢复正常。大巴车启动了，继续驶向机场。在快要驶入机场高速收费口时，我实在坐不住了，再次走上前去问司机什么时候能到机场。这回他回答了我，说了个时间。我一听，比办理航班登机手续截止时间晚10分钟。我们乘坐的是韩亚航空当天飞香港的最后一趟航班。被耽搁了这么久，无计可施，我只好在心里说："今天倒霉。到机场再说吧！"

就在这时，一位女士走到我身边，用流利的英语跟我打招呼。她说，她听到了我与司机的对话，想要帮助我们。我猜测，她是去机场上班的。我向她解释了情况。女士走向司机，用韩语和他做了简短的交流，应该是向他说明我的航班情况。说罢，她回到座位上，拿起手机打电话。电话挂断之后，她宽慰我说："**不用急，我联系韩亚航空公司了。你们有没有行李要托运？**"我回答："没有。"她对我说："**到机场后，跟我走。**"然后，她又询问了其他乘客的航班时间，其中我和女儿的航班最早。

大巴车终于抵达机场，此时距离航班起飞只剩半个小时。那位女士带着我们先下车，直奔韩亚航空公司的服务柜台。我们小跑到柜台时，一位工作人员拿着打印好的登机牌在等候我们，我和女儿递上证件供其查验。查验完毕后，那位女士跟我们道别："**旅途愉快！再见！**"我连声致谢。

我如释重负，心里轻松了很多。那位工作人员把登机牌递给我们，带我们过安检，办离境手续，机场给了我们"绿色通道"待遇。手续办完后，我们不想让飞机上的其他乘客等太久，继续一路小跑，那位工作人员也陪着我们一起跑，一直送我们登上飞机。

一进机舱，气未喘定，机舱门就关闭了。

航班正点起飞，我和女儿当晚准点抵达香港。

这些韩国人，助人为乐，"功成而不处，其不欲见贤"（《道德经》第七十七章）（既不居功，也不显耀）。**可是，我甚至连他们的名字都不知道！**

你说，十几年后，我再乘坐韩亚航空公司的航班，怎么会不觉得亲切呢？

2018年8月15日

第三部分

思人生

3-1 三生有幸：
　　　生计，生活，生命（一）

古人云："**天地之大德曰生**。"（《周易·系辞下》）在本文中，这句话的意思可以理解为：天地最大的恩德是让"众生"各得其所，生生不息。

关于"生"，佛家有个说法叫"三生有幸"，"三生"是前生、今生、来生，"有幸"是"遇上幸运"。三生都幸运，形容运气极好，"生生不息"。

本文讲的"三生"是一生中的**生计、生活、生命**，因为"有幸"，所以必须珍惜，以"各得其所"。

几年前，我还在香港城市大学商学院任教时，开了一门叫"人生境界"的EMBA"软课"，介绍我对"三生"的理解，并和学生们一起探讨如何"实现""有幸"。

职业，事业，人生。商学院的课程大多是关于"做生意"（即"谋生计"）的"硬课"，关注如何创新创业、服务客户、提高管理效率、提升品牌价值、实现盈利。在商言商，天经地义。生意人将"生意"当成"人生"，为谋生计，**良心起步**，"人往高处走"，可以"打""拼"或"塑""造"出从职业（为"地"）到事业（为"人"）到人生（为"天"）的三重境界，"顶天立地"，成为成功的企业家。**三百六十行，行行是同行**。这三重境界，有点类似于哲学家冯友兰先生提出的从功利到道德到天地的人生境界，体现人生不同阶段的理想和风光，适用于各行各业的"生意人"。

要钱，要活好，要命。生命走过半程，我恍然"醒""悟"，"做生意"只是人生的一部分。一个人不仅"要钱"（**生计**问题，谈立业／"自由"），还"要命"（**生命**问题，谈安身／"自在"）。因此，我在《要钱还是要命——〈道德经〉的启示》一书的开篇，提出以下问题："没有'钱'，'命'能好吗？没有'命'，'钱'又有什么用？"在"要钱"与"要命"之间起"支撑"作用的是"要活着"（**生活**问题／"自持"）。

生意路上三境界：人往高处走

每个人都是人生路上的"学生"，父母"生"我们，我们"活"好得靠自己。一个人"前半生"或许侧重于"要钱"，谋求成功地"活上去"，直至"顶天"；"后半生"必须侧重于"要命"，争取健康地"活下来"，做到"立地"，即"**健在**"。若不"**周**""**全**"地"**谋**""**划**""**要活着**"的问题，没有"爱""护"自己的身体，不仅"要钱"难以持久，还给"要命"带来麻烦。可谓"**不要命**"，"**难成活**"。

活好每一天，是人生之大德。人体的坚强和脆弱都大大超出我们的想象。我见过一些人，"庆幸"自己"活上去"了，但因"突发"健康"危机"，虽然"活下来"了，后来却活得"生不如死"；还有一些人，身体出"状况"时"咬牙顶住"了，但**"躲得了初一，躲不过十五"**，一段时间后，貌似健康的身体"崩""溃""吓"了家人,"坏"了自己,后悔莫及。想起他们,我心里难过。年纪越大,就越明白,**"活下来"比"活上去"更重要。"活下来"不只是"活着",还要"活好"**。不顾"生""活",换个说法是"不顾死活"。不顾死活的**"拼命"者,很难"健在",甚至还会"短命"**!做生意也一样,也要从"活上去"做到"活下来",基业才有长青的希望。当然,"生"的对面是"死","生"与"死"都是("红"/"白")"喜事"。即使是"死",也要坦然面对。"死"是从"各得其所"转化成"生生不息",是下一个周期的开始。

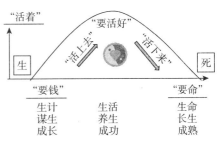

人生路上三要:要钱,要活好,要命

成长,成功,成熟。"人生境界"是一门将成长、成功、成熟连贯起来的"软课",重点在后两个部分。1998 年,我 46 岁,开始教 EMBA 课程,讲的是"要钱""成长""成功"。如果那时就让我讲"要命""成熟",我不可能讲得好,因为我还不"成熟",无法讲得"深""刻"。时光不停地从一个个"彼时"流逝到一个个"此时"。**五十知天命**,我开始琢磨"生死由命,富贵在天"的深层含义。开设"人生境界"课程时,我已经过了耳顺之年,生命之车从"上山""换挡"到"下山",变化是从"尽力赶科场"到"尽心归故里"。这是从"**少年不识愁滋味**"到"**老来方知行路难**"吗?

"**车到山前必有路**"?60 岁以后,我比先前更明显地感到,日子一年快过一年,做的、看的、想的已经与 40 多岁时很不一样。**攀岩慢,滑坡快?**

谋生,养生,长生。很多人将辛苦地"谋生计"理解为"谋自由",到头来才明白,生意伙伴("火"中之"半")之间哪有"自由"?经常有的是无奈,甚至不少人因此"牺牲"了"生活"。"生"与"活"都谈不上,哪来的"自在"?有些人因此不停地问:"我为什么还要活着?生命的意义是什么?"有一次坐飞机,我跟邻座的乘客聊天。这位乘客(大概三四十岁)说:"公司里有 100 多人,从上到下,**每个人都绷得很紧,每天处于焦虑之中,身心俱疲。我们不是每个人都把钱看得很重,而是大家工作太紧张,生活缺激情,身心亚健康。如果活得很累,怎么可以说命好?**"我回应说:"我现在觉得一天比一天快乐,也希望一年比一年幸福。"我现在对"我为什么还要活着?生命的意义是什么?"的理解是:意义就在于如何"**好好地活着**"!前半生要努力"知道""知天",后半生要明白"知足""知命"。**"奔七"之年,绝对不可以再严重透支精力和体力!"自由"和快乐不在飞机上、办公室里或第一线,而"自在"和幸福在"跑道上"、家里和"山间"**。真是"到什么山上唱什么歌"!

"**多言数穷,不如守中**。"(《道德经》第五章)"一打纲领,不如一个行动。"邵逸夫先生堪称典范。他用生活(健康/快乐)"滋润"生意("要钱"/事业)与"保重"生命("要命"/长寿)。我们向往健康,而邵先生实现了长生。

三生有幸:生计,生活,生命

珍惜"三生","力""求"动静平衡。我和学生们在"人生境界"课上不仅一起"纸上谈兵",也讨论如何行动,包括在"山间"(行山)与"跑道上"(跑步)。**人是动物,要动要跑才能活得好。**

2019 年 11 月 21 日

3-2 三生有幸：
生计，生活，生命（二）

越来越多EMBA学生在积极地实践"**努力工作，健康生活**"。2014年秋天，香港城市大学EMBA（中文）项目开办。同学们入学的第一天，课程组主任窦文宇教授就组织大家赴大屿山登山。我参与了那天的活动。我们从海拔500米左右的昂坪登海拔934米高的凤凰顶。天气闷热，有个别同学气喘吁吁，需要其他同学帮助，才能"爬"到山顶。

在那之后不久，军人出身的班长王文开始带领部分同学进行跑步锻炼，每次来香港上课的四天中，两三个早上或晚上，至少跑步锻炼一个小时。清晨，为了保证9点到校上课，他们一般5点30分至6点出发，从住的旺角帝京酒店跑到尖沙咀的海港大厦或星光大道；晚上，则在香港中文大学附近的香港科技园的海边跑步。大多数同学从未有过跑步的"历练"，但每次跑步，都有10位左右参加。他们开了个好头，之后入学的师弟师妹们也开始在来香港上课期间参加跑步活动。

王文还组织同学们参加难度很大的"玄奘之路商学院戈壁挑战赛"（简称"戈赛"）。"玄奘之路"到处是沙砾、骆驼刺和尘土，4天完成112公里绝非易事。经过短短半年的训练，2014年秋季班的六位同学（白丽敏、陈雨点、杨锐俊、关言、杨继刚、王文）与2015年春季班的两位同学（王毅和吴天华）组成的香港城市大学首支代表队参加了"第十届玄奘之路商学院戈壁挑战赛"（简称"戈十"）（见本书彩插图片63）。他们不仅完成了比赛，还捧回了最能代表集体荣誉的"沙克尔顿奖"。

2014年秋季班的"才子"杨继刚在完成"戈十"后说："身体和灵魂，总要有一个在路上。通过参加戈赛，我们远离曾经觥筹交错的社交，**亲近脚踏实地的自然，多了一点生活之美的激情，重新回归对生命之光的热爱**。"

与杨继刚同班的白丽敏在"人生境界"课上分享说："我原来是一只'菜鸟'，认为跑步乏味、孤独。第一次集训，800米就累趴了。而现在，**跑步之于我**，不是肾上腺素飙升的一蹴而就，不是终点线的那根标尺，不是为了博取与朋友聊天的谈资，而是**通过坚持培养出悄然融入生活的一种习惯**。老子说：'**善抱者不脱**'（《道德经》第五十四章）（善于坚持的，不会失脱），'不脱'是人生的大美。"

2015年春季班的同学们，从2015年到2017年，全班18人中有13人参加了戈赛。田光成是"第十一届玄奘之路商学院戈壁挑战赛"香港城市大学代表队的队长和"第十二届玄奘之路商学院戈壁挑战赛"香港城市大学代表队的领队（见本书彩插图片64）。他回忆说："在香港城市大学读书两载，有幸两次参加戈赛。**为队长时，如一线带兵，身先士卒**，奋力前行，向日而竭，此时不搏待何时，豪情满怀；**为领队时，如率军出征**，虽有运筹帷幄、决胜千里之感，然而更多的是小心翼翼，如履薄冰，不求大胜，只求不败，待到全体队员安全而归，才如释重负、安下心来。"

与田光成同班的李卫东说："参加戈赛，**生命的激情，在左右脚步的轮替中迸发**，为'**活着，就联系！**'的班级文化增加了内涵，不仅是情感的互通和联络，更是灵魂的共振和洗礼,以此丰盈彼此的生命。"

2015年春季班的岳耀顾说:"我参加了两届戈赛,感悟是四个词:**理想、行动、坚持、超越**。第一天人最多,每个人都信心爆棚;第二天早起出发,随心而动;第三天路途很长,**想过放弃,但是顶住了**;熬过了前三天,感觉自己做了一件超越常规的事情,快到终点的时候,发现**自己的思想似乎有了点不一样的东西,有点苦,也有点甜**。"

后来,不少同学还参加了北京、上海、广州、香港、厦门、芝加哥、柏林、深圳等地的马拉松赛事。

"人生境界"课程的学生参与度很高,据说是因为课程"触及了灵魂"。该课程的一部分内容已经收录在《学问人生——〈道德经〉的启示》一书中。我在书中问道:"人生何为快乐、幸福?如何寻找?如何持续?"回答是前文提到的**"活好"**:活上去,**提升境界**;活下来,**珍惜生命**!

作为课程的一部分,六月的一个下午,我与2016年春季班的四个学生去登海拔458米的香港城市大学"后山"——笔架山(见本书彩插图片65)。那天天气非常炎热,到山顶,每个人全身都湿透了。在山顶发表简短感言时,段翔明说:"金钱并非自然产物,而命是宇宙能量的产物。**当我们学会从未来看现在的自己时,就会努力锻炼身体,提高活着的层次**。"魏东金说:"身体健康了,心灵和事业都将更加'健康'。我平时没有很多时间运动,今后不仅要自己多运动,还要和家人一起多运动。"林英俊说:"'要钱'与'要命'均是结果导向,而'要活着'是生命过程,参加运动,活得更健康,才有机会。"与王文同为军人出身、同样带领同学们参加戈赛的汪丹说:"追求物质可以带来愉悦,但不代表身心健康。**生命只有一次,健康的体魄是对生命的敬畏。锻炼不是口号,说到就要做到!**"

他们的同班同学宗彬回忆戈赛经历时说:"读书是开阔视野,丰富阅历,成长人生。戈赛的难度很大,但**环境的美好与恶劣均是由心境的快乐与否决定的**。参加戈赛带给我的是生活状态的蜕变,不仅仅包含比赛,还有旅行和阅人。""**千帆历尽赴戈壁,百战归来再读书**"是他在茫茫大漠中奋勇前行时的所思。四天三夜后,他与一起参赛的同学们终于到达敦煌的终点大帐,他们个个筋疲力尽,饥肠辘辘。他前一秒还津津有味地吃着方便面,后一秒已经将方便面碗搁在身边不管不顾,再后一秒竟然倒头睡着了(见本书彩插图片66)。

得失之间,必有因果。人生无常,不败为上。从"生计"到"生活",我们追梦,想要"活上去",将"拥有"/"征服世界"作为目标,一路付出多,难免苦涩多;后来,我们醒悟了,知道要"活下来",才能"顺利"地"回家",因而自持,**健康地生活,逐渐地"放下"**,计较少,甜美多,三生梦圆!

健康生活,春华秋实

如果你在思考自己的人生应该如何度过,要怎样才能更加幸福,这篇短文也许可以提供些许启发。我们都没有见过灵魂,但都知道爱护身体的重要。英国物理学家斯蒂芬·霍金(Stephen Hawking)曾说:"However bad life may seem, there is always something you can do and succeed at. Where there's life, there's hope."(无论生活有多么艰难,总可以有所作为,并有所成就。**只要活着,就有希望**。)

愿每个人都找到属于自己的路,活出自己的精彩人生!

2019年11月21日

特别感谢:王文,杨继刚,白丽敏,田光成,李卫东,岳耀顾,段翔明,魏东金,林英俊,汪丹,宗彬,林松

3-3　关注哲学与众生，胜过关注手机与自我（一）

我在香港城市大学商学院任教时，开了一门叫"人生境界"的 EMBA 课程。退休后，我加入了深圳大学管理学院，分别为大学一年级学生与 MBA 学生开了类似的课程。学生们的参与度很高，说是因为"课上的讨论触及了灵魂"。但是，我们都没有见过灵魂。到底是课程的哪一部分"触及"了"灵魂"的哪一部分，很难说得清，有时可能只是某个学生的一句发言，就有了"灵魂"被"触及"的感觉。

我对这门课的定位是"从哲学的高度与《道德经》的角度看人生境界"。为什么不是从儒家的角度看人生境界呢？因为"[中国]**哲学的全局观点是从老子开始的，后来不断发展丰富，才有今天的哲学**"（任继愈著，《老子绎读》，北京：商务印书馆，2009年，第 2 页）。（任继愈，1916—2009，山东省平原县人，哲学家，宗教学家，曾任中国国家图书馆馆长。）以孔子为代表的儒家思想作为中国文化的主流，有一部分将"升官""发财"看得很重，存在明显的局限性；以老子为代表的道家（不是道教）思想境界更高，比如，"**持而盈之，不如其已；揣而锐之，不可长保；金玉满堂，莫之能守；富贵而骄，自遗其咎**"（《道德经》第九章）（日积月累到满溢，不如及时停止；千锤百炼出锋芒，却无法永远保持锐利；物质财富再多，也无法永远占有；富贵导致骄横，自取祸患）。前者更"要钱"，或许代表"中国心"；后者更"要命"；《道德经》则代表"中国魂"。我们的课程将重点放在《道德经》上，我们也自然而然地"触及"儒家思想的一些精华。

无论是哲学还是《道德经》，我都没有系统学过，只懂得一些细枝末节，好在学生们不嫌弃，我们互相学习，一起进步。**对于"人生"与"境界"，每个人永远都在探索的路途中。**

下面是我在课上提出的观点之一：每个人都要"吃饭"，但有些人昼思夜想如何"赚快钱"或"赚大钱"，结果一生都在做钱的"奴隶"。**生命短暂如朝露，莫让浮云遮望眼，做个有知识、有尊严的人，会很有幸福感。**这种幸福感可以来自三个方面：有学识，有见识，"善待世界"。

我提出这个观点，跟我粗读了一些前辈哲学家的论著有关。以下是我从这些论著中"断章取义"地"取出"的几个例子：

"哲学不同于其他科学，哲学不负责解决一个一个的局部具体问题。"（任继愈著，

《老子绎读》，前言第 2 页）如果是这样，哲学怎么会是"科学"？

"什么是哲学？凡是对人性活动所及，以智能及观念加以反省说明的，便是哲学。"（牟宗三著，《中国哲学的特质》，上海：上海古籍出版社，1997 年，第 4 页）（牟宗三，1909—1995，山东省栖霞市人，被誉为近现代中国最具原创性的哲学家之一。）"人性活动所及"，或是"反映"（Report），或是"反应"（React），或是"反省"（Reflect），从说到做到思，由浅入深，有反思，才可能进步。这么说，反思是"科学"？

"凡研究人生切要的问题，从根本上着想，要寻一个根本的解决。这种学问，叫作哲学。"（胡适著，《中国哲学史大纲》，北京：商务印书馆，2011 年，第 1 页）（胡适，1891—1962，安徽省绩溪县人，幼年深受程朱理学影响，后信奉实用主义哲学；大力提倡白话文，宣传个性解放、思想自由，与陈独秀、李大钊、鲁迅等同为新文化运动的领袖人物。）胡适的说法使我开始想，反思是为了（"从根本上"）"研究"与"解决""人生切要的问题"。我把"从根本上"放在括号里，是因为我至今还在想，什么是"根"和"本"。

那么，哪些是胡适说的"人生切要的问题"呢？

胡适说："例如，行为的善恶，乃是人生一个切要问题。平常人对着这问题，或劝人行善去恶，或实行赏善罚恶，这都算不得根本的解决。哲学家遇着这问题，便去研究什么叫作善，什么叫作恶。人的善恶还是天生的呢，还是学得来的呢；我们何以能知道善恶的分别，还是生来有这种观念，还是从阅历经验上学得来的呢；善何以当为，恶何以不当为；还是因为善事有利所以当为，恶事有害所以不当为呢；还是只论善恶，不论利害呢；这些都是善恶问题的根本方面。必须从这些方面着想，方可希望有一个根本的解决。"（胡适著，《中国哲学常识》，成都：天地出版社，2019 年，第 2—3 页）

然而，人在江湖，身不由己。我们生来趋利避害。一般来说，对己有利为善，对己不利为恶；同一个人，今天对我有利是好人，明天对我不利变恶人。因此，我只"希望有一个解决"，无法实现"从根本上"解决。

胡适列举了六个"人生切要的问题"及通过解决这些问题所形成的相应的哲学门类：

一、天地万物怎样来的。（宇宙论）

二、知识、思想的范围、作用及方法。（名学及知识论）

三、人生在世应该如何行为。（人生哲学，旧称"伦理学"）

四、怎样才可使人有知识，能思想，行善去恶呢。（教育哲学）

五、社会国家应该如何组织，如何管理。（政治哲学）

六、人生究竟有何归宿。（宗教哲学）

这些问题，确实是"人生切要"，我想了很久，简单地将它们重新归为"天生""人生""永生"三类。当然，我只关注其中很小的一部分。

2019 年 2 月 10 日

特别感谢：段翔明，包宇军

3-4　关注哲学与众生，胜过关注手机与自我(二)

我喜欢叶秀山先生说的一段话：哲学"不是超越到抽象方面去，不是从具体到抽象，好像越抽象就越超越，或者越超越就越抽象，最大的抽象就是最大的超越。事实上恰恰相反，超越是从抽象到具体，具体为事物之存在、事物之深层次的存在，而不是表面的诸属性之集合。所谓深层，乃是事物之本质，本质亦非抽象，而是存在"（叶秀山著，《中西智慧的贯通——叶秀山中国哲学文化论集》，南京：江苏人民出版社，2009年，第3页）。（叶秀山，1935—2016，江苏扬中县人，祖籍江苏镇江，中国社会科学院哲学研究所研究员，首届中国社会科学院学部委员。）因此，他说："哲学学术本身是有自己的吸引力的，因为它的问题本身就在一个更高的层面上涉及现实的深层问题，所以不是一种脱离实际的孤芳自赏或者闲情逸致；但它也需要'排斥'某些'急功近利'的想法和做法。"（叶秀山著，《中西智慧的贯通——叶秀山中国哲学文化论集》，第23页）就是说，哲学想"涉及"而不是"解决"比现实问题更"高""深"的问题。这个说法比较现实。

"有无相生"（《道德经》第二章），我在课上也提到一些外国哲学家的说法。比如，"哲学的价值（也许是它的主要价值）就在于哲学所考虑的对象是重大的，而这种思考又能使人摆脱个人那些狭隘的打算"（〔英〕罗素著，《哲学问题》，何亮武译，北京：商务印书馆，2015年，第130页）。（伯特兰·罗素，1872—1970，英国哲学家、数学家，1950年获得诺贝尔文学奖。）

罗素以下的说法令我深思："一个听凭本能支配的人，他的生活总是禁闭在他个人利害的圈子里：这个圈子可能也包括他的家庭和朋友，但是外部世界是绝受不到重视的，除非外部世界有利或者有碍于发生了在他本能欲望圈子以内的事物。这样的生活和哲学式的恬淡的、逍遥的生活比较起来，就是一种类似狂热的和被囚禁的生活了。"（〔英〕罗素著，《哲学问题》，第130页）"哲学之应当学习并不在于它能对于所提出的问题提供任何确定的答案，因为通常不可能知道有什么确定的答案是真确的，而是在于这些问题本身；原因是，这些问题可以扩充我们对于一切可能事物的概念，丰富我们心灵方面的想象力，并且减低教条式的自信，这些都可能禁锢心灵的思考作用。

此外，尤其在于通过哲学冥想中的宇宙之大，心灵便会变得伟大起来，因而就能够和那成其为至善的宇宙结合在一起。"（〔英〕罗素著，《哲学问题》，第 133 页）

我想，罗素希望的是融合"我"与"非我"，而不是将世界分为敌对的两大阵营，好像与冯友兰说的有相似之处。

当我们关注哲学（天地）与众生（泛指一切生物）而不只是关注自我或与自己有直接、间接利益的大小圈子时，我们会变得更淡定、豁达。

关于"淡"的解释，一个广为流传的说法是"**君子之交淡若水，小人之交甘若醴；君子淡以亲，小人甘以绝**"（《庄子·山木》）。关于"豁达"（Open-minded），可以理解为"思想开明，心胸开阔，愿意考虑不同意见，能接受新思想"。这不是"无偏见"吗？

《资治通鉴·唐太宗贞观二年》有段文字："上问魏徵曰：'人主何为而明，何为而暗？'对曰：'兼听则明，偏信则暗。昔尧清问下民，故有苗之恶得以上闻；舜明四目，达四聪，故共、鲧、欢兜不能蔽也。秦二世偏信赵高，以成望夷之祸；梁武帝偏信朱异，以取台城之辱；隋炀帝偏信虞世基，以致彭城阁之变。是故，人君兼听广纳，则贵臣不得拥蔽，而下情得以上通也。'上曰：'善'。"

尽管"兼听"说易行难，但我和学生们都希望自己"**心诚求之，虽不中，不远矣**"（《礼记·大学》）。"人生境界"这门课的目标，不就是结合自己，集体反思，一起提高吗？当教师的，尤其要反思自己的不足，提升自己。不然，哪来的说服力？

停笔前，我看了一下这篇随笔的标题："**关注哲学与众生，胜过关注手机与自我**"。哲学与手机，一个是"生命"问题，一个是"生活"问题，二者或许缺一不可，如"众生"与"自我"一样，不是"鱼与熊掌，不可兼得"之关系，但明显有高下之别，所以用"胜过"一说。

2019 年 2 月 10 日

特别感谢：段翔明，包宇军

3-5　哲学既然无用，为什么还用？（一）

几天前，戊戌狗年腊月二十九早上，我在微信群里发了这么一个问题："哲学既然无用，为什么还用？"原以为快过年了，大家都在紧张地准备年货，可能没几个人有空回复。令我意外的是，一会儿就收到十几个回复，而且几乎全都不认为哲学无用！

今天是己亥猪年正月初三，我还收到几个回复，有些人回复了不止一次。他们大部分是我过去和现在的学生，从大学一年级学生到教授乃至大学校长都有，还有同事以及曾听过我讲座的企业高级管理人员等。难道他们也像我一样，"过年吃饱了没事干"，于是讨论那些无用的所谓"哲学问题"？

他们的回复，大致可以分为以下三类：哲学无用；哲学有用；"有就是无，无就是有"。我看了以后，觉得简直像上了一堂课，"脑洞大开"。真是"**高见在民间，不服都不行**"。因此，一定要摘录一部分，与各位分享。

第一类：哲学无用。

"**对每日的柴米油盐来说，哲学无用。**"只有一条回复持这种观点。

第二类：哲学有用。

（这是前面那条回复的继续）"有用与无用的范畴不一样，对每日的柴米油盐来说可能无用，但**对解决人生的基本问题（人从哪里来，到哪里去）有用。**"

"哲学有用！去其少许不知所谓，余下大部皆为精髓。比如'同一相对，差异绝对''静止相对，运动绝对'，衍生出'人不能两次踏进同一条河流''今日我非昨日我'，等等。对一个普通人来说，哲学的价值似乎有限。不过，**生活处处有哲学。**"

"哲学的主要作用就是思考问题。如果笛卡尔'我思故我在'的命题是对的，**哲学的'用'就在于思考本身。**"

"刚刚特地翻看高中哲学课笔记，看到一句话，出自冯友兰先生：'哲学的用途乃无用之大用。'**哲学源于人们在实践中对世界的追问和思考。**我常常鼓励（深圳大学）管理学院团委的'小干事'们要勇于试错，在思考讨论的过程中解决问题，不断进步。"

"我觉得**哲学是一种心理安慰**，很多东西自然科学是没有办法解释的，我们只能用哲学自圆其说。"

"有人拿哲学当工具，有人拿哲学当世界观和方法论，还有人拿哲学当装饰品和茶余饭后的谈资。如果从自发的层面看，**哲学有用，但肯定是吃饱饭后干的事情**。"

"艾思奇在《大众哲学》中写道：哲学不属于少数人，每个人都可以学习。**学哲学能让人少犯错**，有大用。哲学指导人们正确认识世界。然而，仅仅停留在认识层面，不去改造世界，哲学就不会发挥作用。"

"哲学至少对想有用的人有用。为什么只是对想有用的人有用？凡事边界而已！"

"科学是引导人类求真的一把利器。'如何使用这把利器？''为什么使用这把利器？'这一类问题是科学本身回答不了的，要用哲学来'拷问'才可能有答案。"

"正好我在看一点哲学书，哲学不讲使用，不追求解决实际问题，但它可以让人的思维变得更有意义。**有了哲学思维，人类才真正地与其他生物区别开**。"

"'天下万物生于有，有生于无。'（《道德经》第四十章）**无为有之母**。如此，无用之哲学乃一切学问之根基，此之谓无用而有大用。"

"哲学的'用'不是实用主义、物质主义的'用'，不能带来直接可见的'利'。最终使人活下去的，不是物质，而是精神。**哲学是精神的操练**，这正是它的无用之有用。"

"问题的关键是每个人对'用'的定义不同。哲学是无直接之用，有间接之用；无显性之用，有隐性之用；无短期之用，有长期之用；无术之用，有道之用。当然，这种区分也不恰当，没有体现辩证思维，用与无用是对立统一的，实质是无数量的小积累实现质的大提升，即**无数看似无用之用汇聚成隐性之大用**。"

"**哲学无形**，但无形影响并决定了有形，只是大部分人为表象所困。但凡成功的企业，都有独到的经营哲学。我的理解是，不是有用无用的问题，而是有没有用与会不会用的问题。"

"从实践角度看，哲学无用。但是从精神层面看，哲学有用。整体来看哲学有用，有大用。"

"哲学就在那里，它是过往的智慧积累。你不用，就无用；你用了，用对了，就有用。知识本无用，是人的使用让它有用，哲学也是。"

2019 年 2 月 7 日

3-6 哲学既然无用，为什么还用？（二）

第三类："有就是无，无就是有"。

"事物是多方面的。通常我们只看到某一面，而忽略另一面。每天的吃饭睡觉看似无用，可是吃不好睡不好，事情就没有精力处理好。不吃不睡，人活不了几天。**哲学是一种辩证思维，强调从对立当中找到统一**。看似无用，实则发挥无用之大用！"

"以我们课上讲过的李小龙为例，哲学对他的'有用'之处在于促使他奋力争取自己想要的，但他没有**学会取舍有方**。"

"**人活着是为了探寻人为什么活着**。李小龙的哲学是争，叶问的哲学是不争，造就了两个不一样的人生。"

"有就是无，无就是有。**哲学帮助我们从矛盾当中找到和谐**。"

"**哲学是有知对未知**。"

"我认为哲学不像其他工具性学科那样能够直接解决生活或工作中的问题。它是对基本问题或普遍问题最本质的思考，目标是发现基本规律。**说哲学'无用'，可能是它并不能直接应用于任何具体方面，解决具体问题。但为什么又'有用'呢？是因为它思考的是最本质、最根源的问题**，是万事万物的源。哲学能够对各学科在思想上起到高屋建瓴的指导作用。"

"**哲学好比是'道'**，各学科的理论和方法最终都可以上升到哲学层面来思考。'无用'和'有用'是相对的。没有'无用'，就无所谓'有用'。"

"第一反应是**这一问题和'大智若愚'有相似之处**。看似无用，其实大有用处，关键在于想问题的人如何去想，以及想到什么程度。"

"我们通常所说的'有用'和'无用'是根据社会观念及文化习俗来评判的。社会认为'有用'的东西往往是物质的、功利的，是可以马上见效的、短期内就能获得收益的。一份工作可以带来收入，是'有用'的，而兴趣爱好不能马上变现，是'无用'的。所谓'有用'的东西会使人焦虑，而所谓'无用'的东西与人生的长期发展有关，是精神层面的，是真正决定生活是否幸福的因素。**哲学之所以'无用'，是因为**

它与物质无关。正因为无关，所以能缓解人们内心的焦虑，使人放下过多的欲望，不汲汲于名利，求得内心的安宁。这样看来，世俗所认为'无用'的东西，才真的'有用'！"

"我觉得维特根斯坦讲得很好：**哲学家是蹩脚的射手，永远射不中标靶，但至少用落地的箭矢为大家指示了目标的方向**。'射不中'即为'无用'，而'指示方向'即为'有用'。有时候，这些方向本身就是哲学话题所构建、规定的。我们的思想决定了视域。"

"解决人生问题靠智慧。**哲学里有大智慧，是'知'**。'知'指导'行'，解决人生问题。"

对我最有说服力和吸引力的中国古代哲学家是老子。曾任中国国家图书馆馆长的中国现代哲学家任继愈指出："［中国］哲学的全局观点是从老子开始的，后来不断发展丰富，才有今天的哲学。"（任继愈著，《老子绎读》，前言第2页）

老子在《道德经》中说："道常无为而无不为。"（《道德经》第三十七章）"道"是老子哲学的核心。在老子看来，"道"无形，却有为，超越而又内在于天地万物。万物恃道而生，其所为是道之所为。

"道"与哲学都不是"空谈"。古人早就说过："道，日用而不知。"哲学有用，不是"实用"，而是"大用"，而且我们每个人天天都在用。

春节已过，非常感谢大家给我上的这堂课，加深了我对哲学的理解。新的一年来了，我要更好地用哲学来指导一切。

2019年2月7日

特别感谢：郑煦，郑芬，汪勇，李永强，陈思艺，黄鉴，张鹏飞，田光成，王江安，金晓彤，俞广勇，刘青叶，魏东金，包宇军，许浒，杨继刚，薛健平，喻彬彬，蔡紫维，张良波，宗彬，李宝国，王晔，蔡益书，贾利军，马卫红，高金萍，许冠群

3-7 迈开腿，管住嘴，按时睡

每年春节前夕，我都会问自己有什么新年愿望。今年春节前，我决定将自己的新年愿望写下来。没想到，从年前一直写到正月初十才收笔，成了这篇随笔。

2019 年 2 月 4 日，农历大年三十，恰逢立春之日

上午。我在居住的小区里又遇到这位坐在轮椅上的长者。称他为长者，是因为我估计他比我大十岁以上。小区里十栋高楼，有两千多个居住单元。居民们相遇时，许多人只是脸熟，并不知彼此姓甚名谁。过去遇到这位长者时，他行走自如。但大约半年前，我看到他坐在轮椅上，状态很差。从那时到现在，一直没有再遇到他，今天才又重新遇到。小区里人来人往，邻居们平时不会注意谁从身边经过，但他坐在轮椅上，引起了我的注意。还有一些邻居，原来好好的，后来坐在轮椅上，短则几月，长则数年。之后，偶然听说，有些再没有碰见的邻居已经去世了。不知这位长者出了什么问题，祝愿他早日恢复健康！

下午。午睡后，我在小区里长约 1 000 米的环形道上跑步。我先慢跑两圈半，接着拉筋七八分钟，然后重复了一次，一共一个小时左右，觉得浑身舒畅，精神焕发！十几年前，有几个跟我差不多年纪的邻居，也经常在这条人行道上跑步，现在只剩我一个了。跑步容易上瘾，他们有些即使膝盖跑伤了，还坚持参加计时的普及性质的比赛，喜欢拼快。但是，跑得越快，膝盖压力越大，伤势越重，后来再没有办法跑步了。我同他们一样，也喜欢快跑。我那时是香港城市大学越野长跑队的名誉领队，经常参加训练，队员全是 20 岁左右的本科生，跟他们一起跑，会逼着自己加速。回过头来看，2003 年我身体最好。为什么呢？那年香港爆发"非典"，学校停了一段时间的课，我有很多时间跑步。那也是我参加跑步比赛最多的一年。跑狠了，参赛多了，膝盖承受的压力长期居高不下，有时也不舒服，但我依然咬着牙跑，还绑着护膝参加比赛，跑到后来，一瘸一拐地坚持，到终点时疼得满头大汗。2005 年我 53 岁时，觉得不能再这样了，于是停止跑步，改为只去行山，主要与同事、学生们去学校后面的笔架山。由此，我保住了膝盖。当然，每当看到其他人跑步时，我心里总是痒痒的。前年我 65 岁，从香港城市大学退休，行山便没有那么方便了。但是，楼下有小区的"跑道"，附近有沙田城门河滨的跑步径，因此我自然而然地又开始跑步。**岁月不饶人，我现在只是慢跑——比走路稍微快一点点，跑的时候控制到不大喘气的速率**。2004 年 1 月 4 日，我参加"Adidas King of the Road" 10 000 米长跑比赛，耗时 45 分 21 秒。我保留了那次比赛的证书（见本书彩插图片 67）。这张证书我只能偶尔拿出来看看，自嘲是"回忆美好时光"，因为现在跑 5 000 米大概就要花 45 分钟，若"加油"跑，则膝盖会"报警"。

写到这里，想起过去参加普及性质的长跑赛事时经常遇到的一位前辈——叶伦明，他是 1949 年太平轮海难的唯一生还者，人称"叶伯"。叶伯是香港业余跑步界的殿堂级人物，也是十多年前渣打马拉松比赛唯一广为人知的代言人。他坚毅不屈的精神启迪了很多晚辈。我第一次在赛道上碰到他时，他已80岁左右。看着他奋力奔跑，我们每个人都为他鼓掌，并呐喊助威："叶伯加油！"2001年，叶伯获香港特首董建华颁发的"行政长官小区服务奖状"，肯定他作为香港马拉松"常青树"的贡献。叶伯的健康状况转差后，逐步从跑42.195公里的全程马拉松改为跑10公里的短程马拉松。2007年，他最后一次参加渣打马拉松比赛，那年他85岁。叶伯去世前的几年，只能在病床上谈跑步。渣打马拉松比赛时，他总是坐在轮椅上，由护士推到电视机旁看直播，兴奋地拍手、喊加油。叶伯去世那天，床头还摆放着他生前参加马拉松比赛的跑步照。

像叶伯一样，喜欢运动的人很难停下来。**只要膝盖没有问题，我会坚持跑步，但一定不会过度，"轻则失根，躁则失君"**（《道德经》第二十六章）。小区里昔日同年龄段的跑友们，有几个现在将游泳作为爱好。相比之下，当年喜欢游泳的邻居们，没有人"改行"，至今都还活跃在泳池里。大家碰面时，不忘互相"抱怨"一番：**跑步会伤膝盖，游泳会"呛"眼睛**（因为泳池里的水含有氯等化学消毒成分）。但我们都相信，**健康与运动的意识首先是在心里，其次才是行动，因地制宜，因人而异，每个人应该都可以找到适合自己的运动。**

晚上。我年少时有些时候吃饭都是个问题，而如今每天吃的都像是"年夜饭"。今天的晚餐如往常一般，吃得清淡，也不喝酒。不同的是，今晚要看中央电视台的《春节联欢晚会》。春晚是铁打的，但我的身体不是。我平日十点到十点半之间去休息，今晚"破戒"，但"发誓"在午夜前关电视机。

停笔前，我想了一个顺口溜："过年好，这才对：迈开腿，管住嘴，按时睡！"稍后，我会将顺口溜发到微信群里跟大家共勉，并**祝大家猪年健康快乐**！给说英语的亲友发祝福词时，则说"**Healthy and Happy New Year**"，将Healthy放在前面。

2019年2月5日，农历正月初一

我在微信群里发了以下消息："昨天顺口溜说的基本做到了。慢跑5 000米，正常饮食，午夜前睡。没有多吃，没有喝酒。"说"基本做到"是因为我快午夜时才去休息。我收到了几条反馈。这里摘抄两条："**我也迈开了腿，管住了嘴，但守岁熬夜啦！**""**过年快乐，这样才好：多迈开腿，常管住嘴，求按时睡。**"腿要"多"迈，嘴要"常"管，因为守岁必须熬夜，按时睡觉是"奢求"。人非神仙，岂能完美？"基本做到"就不错！

2019年2月14日，农历正月初十

这几天，我又收到了好多条反馈。摘抄三条如下："**管住嘴啦，基本按时睡觉，但没运动！**""**春节已过，这样或好：迈开腿是理想，管住嘴是梦想，按时睡是妄想！**""**我三件事都没做到，想先从每天12点前睡觉开始！**"人非圣贤，孰能无过？肯"想"就好！

再摘一条："对有家庭的人来说，迈开腿、管住嘴、按时睡都不是一个人的事。要从社会人的角度，创造和利用条件。比如，**渗透观念，说服异见，交换条件，争取同情。合情合理规划，需要智慧。**"很有哲理！

祝各位读者新年也迈开腿，管住嘴，按时睡！

2019年2月14日

说明：《学问人生——〈道德经〉的启示》里有一篇文章《人生不过"三历"：学历、阅历和病历？》，讲我保健身体、坚持锻炼，希望因此"减轻"病历带来的"负担"的体会和想法。本文可以作为那篇文章的"兄弟篇"。

特别感谢：闫泽斌，杨宜音，王新刚，余樱，童泽林，张琴

3-8 写在深圳大学管理学院"阳光跑团"成立日

很多人相信跑步可以减肥。但我多年前开始跑步与减肥无关，现在跑步则更多的是为了体重"维稳"。我喜欢上跑步，源于大学时的晨跑。1975 年，我上大学，学校要求学生以班级为单位晨跑。在日复一日的循规蹈矩中，我习惯并且喜欢上了跑步，甚至在周日没有晨跑要求的时候，也跑上一段，距离有时比平时的晨跑还要长。我读的专业是工业与民用建筑，外出去工地实习，我也没有中断跑步。

我经常跑步的习惯坚持到 1982 年，那年我出国留学。其后的十多年间，我放松了日常的身体锻炼。1994 年来香港后，我重新开始跑步。我的美国老师白乐寿（Russell W. Belk）来香港，我邀请他一起跑山路。由于一年到头都跑步，我笑言自己"**跑过春夏秋冬**"。因为工作关系，我经常到全国各地，"**跑过天南海北**"（"天"是天津，"南"是南京，"海"是上海，"北"是北京，"天南海北"是"全国各地"的意思）。

我爱跟人交流与跑步相关的话题，参加与跑步相关的活动。在香港城市大学，系里招聘教师时，如果应聘者说喜欢跑步，我总是忍不住多问几句，并开玩笑说"你被加分了"。我曾与几位喜欢跑步的同事在校内办长跑讲座。我也时常参加"比赛"。比赛加引号是因为其中许多只是计时的带有普及性质的跑步活动，包括 5 000 米、10 000 米、半程马拉松、全程马拉松以及半跑半走的 50 公里长的港岛径"跑"，每一项我都参加过不止一次。至于正式比赛，上大学时，我参加过学系（那时的学系相当于现在的学院）和校运动会的长跑比赛，获得过学系 5 000 米比赛的奖牌。加入香港城市大学后，我多次参加年度校运会教职工组的 5 000 米长跑比赛，得过第二名。我还多年担任校越野长跑队的名誉领队，直到 2017 年退休。叶富生教练邀我担任越野长跑队终身名誉领队，我谢绝了，原因是我已经从香港城市大学"下车"了。

我跑步"生涯"的第二次中断是在 2005 年下半年，从那时起，我停止跑步而改为游泳和行山。2017 年从香港城市大学退休后，我才重操长跑"旧业"，但速度比 2005 年停跑前慢了很多。

以上就是我的跑步史。不难看出，**我是个跑步"发烧友"**。

跑步让我保持了稳定的身材。1975 年至今，我偏瘦的体型没有大的变化，1982 年出国时做的西装至今都可以穿。**现在，如果一个星期不跑步，就会有"后遗症"，不仅身体不舒服，吃饭无味，还会增半公斤左右的体重，这可能需要连续两个星期每天跑几千米，才能"复原"。你说我敢不坚持跑步吗？**

深圳大学管理学院组织跑团，我很高兴。参加跑团跟自己跑不同。有人说："自己走，走得更快；一起跑，跑得更远。"这里的"更"，是将"自己"与"一起"、"走"与"跑"进行比较。我不知道自己走是不是真的会更快，但"一起跑"确实有"推""拉"的促进作用：参加跑步比赛时，跑在前面的人"拉"着后面的人拼命追赶；跑在后面的人"推"着前面的人保持加速。如果比赛是在运动场上进行的，则经常可以见到，有些跑步新人，开跑枪一响就心潮澎湃，忘记了自己的能力和平时的节奏，"拼命"往前冲，跑得比平时快至少5%。但他们很快就会感觉到，自己的心肺受不了突然超负荷的工作，第一圈（400米）还没跑完就已"原形毕露"，"自动"减回到平时的速度。快到终点往往是最跑不动的时候，大家互相鼓励，"一起跑"，自己被"拉"着向前，会"加油"坚持跑完。**参加跑团，一起跑更好玩。**

跑步是项不错的运动。有人甚至说：生命在于运动。我十几岁时就听过这个说法，后来也相信过，现在可以肯定，这个说法过头了。**生命在于平衡**。几年前，看过一篇文章，有个体育记者，到出世界级马拉松跑手的一个非洲山村跟跑手们生活了一段时间，调查长跑的"秘诀"。他发现，他们与平常人没什么不一样，白天训练，晚上看电视，不同之处是胃口好，还睡得香。对此，我也小有体会。昨天白天跑了四公里，晚上吃得香，也睡得甜。通过跑步，饮食、睡眠等其他方面也变得更加均衡。**会"玩"，爱吃，能睡，生活变得更美好，生命质量自然得到提升。**

"**我运动，我健康，我快乐，我长寿！**"这是几天前在海口路过一个运动场时看到的一条标语。我喜欢这条标语，它讲明了运动的好处和效果。年轻人运动（包括跑步），是为了健康和美丽，要加油；我这个年龄的人运动，是为了健康和活力，要坚持。虽然运动与长寿可能并非线性相关，但我想，还是"宁可信其有，不可信其无"！"见小曰明"（《道德经》第五十二章），所以，赶快来，一起**跑向阳光，跑出健康，跑出快乐**！让我们今年12月一起参加学校田径运动会的跑步比赛吧（见本书彩插图片68）！

2019年4月26日

说明：深圳大学管理学院"阳光跑团"成立仪式，党委书记何军老师邀我担任荣誉领队，我准备了以上发言稿。

特别感谢：何军，李丽，李季，孙琪

补记：2018年12月11日，我参加深圳大学2018年度田径运动会，并报名教工男子乙组1500米长跑项目（要求参赛队员年龄在40岁以上，即1978年1月1日以前出生），以8分44秒50的成绩获得第9名。2019年12月3日，我又参加了同一项目的比赛，成绩为9分04秒48，比2018年慢了20秒，名次也退了2名。

3-9 夏日长跑乐（一）：
跑步与吃橙子没有区别

跑步与吃橙子，好像没有什么区别。

橙子一年四季都买得到，含丰富的维生素C，味道甘甜清爽，我虽不一定每天都吃，但决不会完全不吃。夏天跑步，只要没有台风，任何一天都可以跑，出一身汗，全身舒爽，"上瘾"以后，几天不跑，浑身没劲，坐立难安，会不由自主地找时间去跑。

为了鼓励大家**增强体质，健康工作，快乐生活**，4月26日，深圳大学管理学院成立了"阳光跑团"，分本科生、在校研究生、MBA/MPA、校友与教师5个分团，自愿报名参加，每两个星期集中训练一次。我们的教练是李季老师和孙琪老师，李老师得过2000年悉尼奥运会女子10 000米长跑比赛的第七名，孙老师得过亚洲定向越野锦标赛的冠军。在两位教练的指导下，一个多月下来，训练效果很好。为了激励大家持之以恒，跑团从6月份开始在微信群里集中"打卡"，希望各人自定每月跑步目标，并在每次跑步后用如下方式"打卡"：当日跑量/月累计跑量/月目标跑量。

就像我不知道自己一个月吃多少个橙子一样（一般情况下应该不会超过30个），我从没统计过自己一个月跑多少公里。估算了一下，这两年，我每周大约跑3～5次，如果每次跑5公里，两天一跑，28天跑14次，可以完成70公里。于是，我给自己定了月跑70公里的目标。除此之外，还有两天机动的时间。

谋事在人，成事在天。我很快就遇到三种"不利"的情况，幸而最后都顺利"化解"：

雨天。老天爷像小孩，说笑就笑，说哭就哭。根据香港天文台发布的每月天气回顾，今年6月雨水多，上旬天天有骤雨，中旬只有两天无雨，下旬也天天有骤雨。雨天跑步，容易滑倒不说，还可能生病，最理想的情况是在没有雨时跑。但是，**现实往往会击败理想**。怎么办？原则是服从老天爷，它"笑"我跑，它"哭"我停。有时也可以试着跟老天爷"捉小迷藏"。看到雨云在向我跑步的区域奔涌而来，我依然开跑，心里默默期待雨云消失；如果雨云变成大雨，我就及时避雨；如果雨云只变成不湿衣的小雨滴，我则继续跑步；有些日子，正要起步，雨已经下来了，我只好"时刻准备着"，雨一停就开跑，因为地面可能会有积水，所以我小心翼翼，不向前冲；也有些日子，骤雨时来时歇，我要一个半钟头才能跑完5 000米。

高温。天气闷热难耐。6月平均气温29度，天文台的本月天气回顾显示："在阳光充沛的情况下，天文台6月7日下午的气温上升至本月最高的33.2度，是有记录以来第三个最热的端午节。"天文台在尖沙咀，发布的是那里的气温。我住在新界，每天早晨看电视新闻，时常听到"新界高出1～2度"的天气预报。"6月21日天文台记录的最低气温为29.5度，是有记录以来6月份的最高。此外，当天的平均气温为30.8度，亦是有记录以来最热的夏至。"6月不仅热，而且是一年当中白天最长的月份。还好，多年来，我一直认为，**天气热不是不跑的借口，恰恰是必须跑的理由**。热天跑步的好处是"三高"：高温、高效、高兴。跑完后，衣服湿漉漉的，但整个人觉得又"轻"又"松"。

状态。不是"有意志"就可以"拼成绩"。老爷车不光起步慢，将油门踩到底也无法加到全速。我每次跑步，心肺和肌肉都需要同时启动。最初的1 000米总是跑得最慢，跑开了自然会提速，但往往不过是从跑1 000米用时10分钟或11分钟提到8分钟或9分钟。这样的节奏，保证跑时不喘粗气，跑完腿和脚不酸痛，第二天可以接着跑。另一些日子，起步前我觉得可以跑5 000米，但还没跑完1 000米，就知道跑不了了。这种时候，我不勉强自己。还有一些日子，起步前我觉得状态不理想，想不到跑完1 000米后，状态变好了，结果"轻松地"跑完了5 000米。也有的日子，状态"一般"，我便"咬牙"，先"一口气"跑2 000米或者3 000米，停一会儿，再跑完剩下的。总之，尽管我对跑步乐此不疲，但一定不让自己跑累或跑伤，每次最多跑5 000米。

我已经过了凭"意志"拼"成绩"的年纪，现在不求"进"，而是慢慢"退"。50岁时，我一个月跑步25天左右，**可以"冲刺""加油跑"，那是"进"。现在67岁，只能"悠着""坚持跑"，这是"退"**，而且每个月跑步的天数也减少了。进退乃人生常态。我这个年纪，跑步不再为挑战自己，也不考验耐力，只是个习惯，"流水不腐，户枢不蠹"，"老爷车还在开"。

6月28日，天气酷热，我的目标是跑5 000米，但最终只完成了4 000米。6月70公里的目标，已完成68公里。我在心里说："剩下的2 000米，可以留到明后天。"

6月29日，我跑了5 000米，耗时49分钟。到最后1 000米时，旁边有个熟人跟我打招呼，为了节省体力，我只是对他稍微示意了一下，不知他感觉到了没有。跑完后，我松了一口气，因为本月已经跑步73公里，超额完成"任务"了。

6月30日，是"放松日"，只跑了3 000米。

6月份我的跑步天数合计18天，其中5 000米10天、4 000米2天、3 000米6天，总计76公里。当初给自己定月跑70公里的目标时，尽管有些粗略和草率，但总算完成，可以松一口气了。

必须向各位报告一下，**从月初到月底，我的体重一直保持在60公斤左右**。我喜欢运动，多年前，身体就已接受了这一不可改变的事实，给我安排了一个适合的体重。我不想减重，因为如果减得多了，过去的衣服将不合身，而我和大多数男人一样，不喜欢花时间买衣服，那会令人头痛不已。

从"心"动到"行"动。教师分团6月定了目标的有16人，跑步目标从10公里到80公里不等。到6月底，有12人完成或接近完成，其中5人超额完成。今早，焦慧芳老师在群里写道："我4月开始跑步，4月跑了65公里，5月跑了75公里，6月跑了139公里，**感觉每天精神奕奕，睡得好、吃得香。现在每天不跑不舒服，希望能保持下去**。"

"前后相随"（《道德经》第二章），"打卡"的确有激励作用。看了焦老师的感想，我想，7月跑团成员定跑步目标的人数应该会增加。我会继续按适合自己的方式跑，并享受其中的乐趣。

写到这儿，我该停笔了。我要去吃一个橙子，消化以后出去跑步。

2019年7月5日

特别感谢：何军，李季，孙琪，焦慧芳

3-10 夏日长跑乐（二）：
三伏晒背，充能补阳

"三伏"指的是初伏、中伏和末伏，通常是一年中最热的时候。2019 年的三伏日期分别为：7 月 12 日，7 月 22 日，8 月 10 日。为躲避三伏火辣辣的太阳，人们选择待在有空调的地方。我却例外。青少年时期，我在农村插队，三伏也得下田，没有半点阴凉；年纪渐长以后，我喜欢上在大太阳底下运动，三伏也跑步，现在经常打着赤膊跑。

"万物生长靠太阳。"太阳是"正能量"的源头，是"最大（太即最大）的阳气"。**我们将太阳的阳气化为体内的阳气，维持"活力"**（从能量变为"活着的力量"）。

静为阴，动为阳，一阴一阳之谓道。我从事脑力工作，坐与静的时间多过站与动的时间，因此必须在太阳底下多活动，将阳气补回来，获得更多活力。**活动带来活力，运动是好活动**，要"活"必须"动"，"动"了才有"力"，才有"运"。

打赤膊跑步，晒背+跑步，一举两得。

晒背。根据中医的智慧，腹为阴，背为阳，人体的背部正中存在一条总管阳气的督脉，晒背的目的是给督脉加来自太阳的阳气，也叫"充电"（"充'正能量'"），督脉畅通，阳气旺盛，体质增强。

我的医学知识有限，理解上可能存在某些偏差，但是我能感觉到晒背的效果。这几年，如果夏天晒背少了，阳气储藏得不够，冬天身体有时会痛。春季阳气开始升发，夏季是一年中阳气最盛的季节，三伏晒背是顺天时而为，事半功倍，精力充沛。

三伏晒背还有一个原因：暑热逼人，大多数人喜欢吹空调、喝冷饮，导致身体寒湿，阴气重，因此必须"养阳"。西医也认为，多晒太阳，有助于身体补充维生素 D、防止骨质疏松等。20 世纪 80 年代初，我去美国留学，早春时节，雪还没有完全融化，地还是湿的，校园的草地上，熬了一个冬天的青草，在和煦的阳光的感召下，冒了出来。我看到，当地的大学生们迫不及待地拿来毯子，铺在地上，光着背晒太阳，这一"盛景"会一直持续到盛夏。**"一年养阳看春夏，春夏养阳看三伏。"** 尽管中西文化不同，但大家都懂得通过晒太阳驱寒、"补阳"。

跑步。三伏阳光毒辣，光背跑步需要避免皮肤被晒伤。我没有这一烦恼。我的跑步场所是我住的小区长约1 000米的环形道。小区中间是高楼，上午阳光照在东边，下午照在西边，为我制造了天然的防晒屏障。我一般在下午跑，从南边开始，顺时针向北跑，太阳从西边晒过来，照在背上，最多不过三四分钟就到了北边，之后跑进背阳的东边，几分钟后又到了南边向北跑，如此反复。由于背部暴露在阳光下的时间短，因此不会被晒伤。有时我觉得光线太强，背晒了一两分钟后便发烫，就会往路边靠，在树荫下跑一会儿。

根据香港天文台发布的7月天气回顾，当月"远较正常水平炎热"，平均气温29.5度，是有记录以来7月份的第六高。这个月我跑了20天，其中14天每天跑5 000米，8天每天跑3 000米，总计94公里，其中有两天是月底在希腊雅典跑的。雅典的夏天，白天热到超过30度是家常便饭，当地人，无论男女老少，皆喜欢户外运动，以晒黑皮肤为美，不少人在大太阳底下跑步。我看了很受鼓舞。

香港天文台的8月天气回顾说，由于南海北部海水温度较正常高，当月继续较正常水平炎热，平均气温29度。此外，由于热带气旋"韦帕"及"白鹿"为香港带来大雨，当月较正常水平多雨，月降雨量达596毫米，较正常值多38%。碰到台风天时，跑步更是较为吃力。没想到，我全月竟跑了21天（其中8月16日到24日连跑了9天），每次都是5 000米，一共跑了105公里。这当中，有20天是在我住的小区跑的，月底深圳大学开学，因此8月30日是在学校的元平运动场跑的。见到同事、学生，大家都说我暑假晒黑了。

三伏晒背跑步，一年只有两个月，千金难买，出汗，强肌，排毒，不亦乐乎。

开学了，跑步的时间会减少，但**"千里之行，始于足下"**（《道德经》第六十四章），我一定会坚持完成自己定的月跑70公里的目标。**健康生活，每天都是阳光灿烂，一步一步，跑向未来。**

2019年9月10日

3-11　去马拉松的故乡"朝圣"（一）

我多年前跑过全程马拉松。现在到了"奔七"的年龄，一次跑不完那么长的距离，但对跑步的兴致不减。2019 年 7 月下旬，我去雅典访问时，专程去了 1896 年首届现代奥运会马拉松赛的起点马拉松镇（Marathon）和终点帕那辛纳克体育场（Panathenaic Stadium）。

马拉松镇位于距雅典几十公里的爱琴海边，吸引了世界各地的马拉松爱好者去"寻根"。

登上开往马拉松镇的公交车，售票员朝乘客走来，乘客掏出现金买票。这样的场景，既熟悉又新鲜，因为在香港乘车，早就普及了用储值卡付费，方便很多。车走得慢，有时似乎仅百来米就一站。好几次，我看到在没有站牌的地方，有行人招手，司机就停下车让他们乘坐。窗外的风景慢慢地从高楼林立的城区变为村镇、山峰、农田、海湾。一个半小时后，我们终于到了马拉松镇。

小镇很安静。马拉松长跑博物馆（Marathon Run Museum）和马拉松长跑宣传推广中心（Center for the Promotion of Marathon Race）是街边一栋夹在民居中间的平房。

工作人员奥林匹亚（Olympia）很热情，给我播放了一部 20 分钟长的介绍马拉松运动的纪录片。公元前 490 年，雅典与波斯之间的马拉松战役（The Battle of Marathon）发生在这一带。这是希腊历史上的一个大事件。强大的波斯军队渡海西侵希腊，打到与雅典仅一山之隔的马拉松，雅典军殊死反击，创造了一个以少胜多、以弱胜强的奇迹。

雅典军的统帅命令军士菲迪彼德斯（Pheidippides）去雅典报捷。根据传说，**菲迪彼德斯不停不歇，奋力奔跑，跋山涉水数十公里，将喜讯传到雅典后，喊了一句"我们胜利了"，便筋疲力尽，倒地身亡**。受雅典军奋斗精神的鼓舞，希腊民族的自信心大增。

首届现代奥运会筹办时，组委会采纳了法国学者米歇尔·布莱尔（Michel Blair）的建议，设立了一个名为"马拉松"的长跑比赛，以纪念菲迪彼德斯。

看完纪录片，我自己参观了博物馆。**马拉松赛最能体现运动员的意志和耐力，马拉松运动彰显不屈不挠、超越极限的体育精神**。博物馆珍藏着一百多年来马拉松长跑的珍贵资料、奖牌、证书。展品中有首届奥运会马拉松冠军、希腊选手史比利廷·路易斯（Spyridon Louis）的奖牌，也有马拉松赛事及运动员的其他许多介绍，包括对残疾人马拉松和女子马拉松运动的介绍。首届奥运会后，1897 年美国波士顿就开始举办马拉松赛，但直到 1984 年，女子马拉松赛才被正式列入第 23 届奥运会比赛项目，同年，马拉松赛也被正式列入残疾人奥运会比赛项目。

有一部分展品来自中国。我是福建人，曾参加过厦门国际马拉松赛的十公里赛事。在马拉松的发源地看到厦门国际马拉松赛捐赠的题为"永不止步"的运动员雕像（见本书彩插图片 69）、2009 年厦门市与马拉松市建立友好城市的协议书以及厦门国际马拉松赛的专门展柜，倍感亲切。

我去了镇里首届奥运会马拉松赛的起点。那里立着一个石碑，刻着"40"，代表比赛全程为 40 公里（见本书彩插图片 70）。石碑旁边是每年 11 月举行的雅典经典马拉松赛（Athens Classic Marathon）开跑的运动场。由于不是比赛日，运动场空无一人，我在场里逗留了一会儿。其间，我看到有辆出租车在石碑旁边停下，里面走出一个长着亚洲面孔的男子，拿着相机在认真地拍照。他应该也是来这里"朝圣"的马拉松爱好者吧。

时间已过下午 1 点。由于想看马拉松战役的遗址和文物，我从运动场出发去马拉松考古博物馆（Archaeological Museum of Marathon）和马拉松战役阵亡雅典军人陵园（Tumulus of the Athenians）。在马拉松长跑博物馆时，我问过奥林匹亚这两个地方的位置。她说，这两个地方不在一起，一个在山边，另一个在海边，没有公共汽车去，步行要 10 公里左右，但能看到的东西并不多。听了她的介绍，我说："既然来到这里，没有不去的道理。"于是，她给了我一张简单的当地地图，标出了那两个地方。

我拿上地图，跑上了雅典经典马拉松赛的赛道——马拉松大道（Marathon Avenue）。这是条通往雅典的公路，沿路有些地方有红绿灯，每隔一段有"Athens Classic Marathon Course"（雅典经典马拉松赛道）的路牌。行人很少，跑步的就我一个。我跑在人行道上，一辆辆汽车从我身边驶过。头顶火辣辣的太阳，再加上 30 多度的气温，我很快就大汗淋漓。

考古博物馆和雅典阵亡将士陵园都不在马拉松大道旁。我跑上了右边去考古博物馆的岔道，到了一个 Y 形路口，由于没有路标，我拦下对面开来的一辆车问路。驾车的男士说，他从雅典来这里办事，一路上没有看到考古博物馆的路标。他看我年纪大，主动提出载我去路的另一头看看。不久之后，我们就到了考古博物馆。他说："我从来没听说过这个博物馆，以后要带家里人来参观。"我笑着说："我从遥远的中国来这里参观，你是雅典人，以后确实应该来。"我们相视而笑，握手道别。考古博物馆比我想象中的小很多，但很幸运的是，我看到了纪念马拉松战役的纪念碑的残件。

馆里没有自动售水机，也没有饮水机，但是这里的自来水可以直接喝。在工作人员的建议下，我灌满保温瓶，跑回马拉松大道，继续向前，奔向阵亡雅典军人陵园。跑跑走走 1 公里左右后，我在第一个红绿灯前，上了左边去陵园的岔道。

没想到的是，我到了陵园门前，发现大门紧锁。后来才知道马拉松镇以及周围所有博物馆与遗址都是下午 3 点关门。可见，**我虽然"入乡"，但"随俗"不够**。于是，我绕着陵园走了一圈，透过篱笆，可以看到里面简朴的古墓，那是一个高 10 米左右的土堆，埋葬着在马拉松战役中牺牲的 192 位雅典军将士。

不知不觉，已近下午 4 点，我该回雅典了。我知道 4 点有班公交车将从马拉松镇开过来；如果错过，等下一班车还要 45 分钟。天气非常热，而保温瓶里的水早已喝完，不好再待下去。于是，我往回跑到马拉松大道上。公交车站在红绿灯附近，可是周围没有便利店。进不了阵亡雅典军人陵园，我可以"随遇而安"，但没有水喝，怎么"安"？我正想着，公交车过来了。我上了车，买票时问售票员："我的水刚才喝光了，要多久才能到终点站？"他回答说："不用担心，几分钟后，经过有卖水的路边小店时，会让你下车买水。"一会儿，公交车到了海边的一个停靠站。他提醒我下车买水，还说："不急！"回到车上，我一边喝水，一边对自己说：今天运气真好，碰到一个又一个好人！

一个多钟头后，我回到了雅典。历史悠久的马拉松镇，"**迎之不见其首，随之不见其后**"（《道德经》第十四章）。我虽人生地不熟，但用身体游走，用心灵体会，在文化与历史中学习，终于圆了访问马拉松长跑发源地的梦，看多少，算多少，心满意足矣！

2019 年 8 月 10 日

3-12 去马拉松的故乡"朝圣"(二)

帕那辛纳克体育场自古以来就是雅典的一个体育地标。公元前330年，雅典人就已经在这里举办过运动会。当初体育场十分简陋，后来在保持原貌的基础上翻新过几次。1896年希腊举办首届现代奥运会，该体育场是主赛场；2004年希腊主办第28届夏季奥运会，这里再次成为赛场；其他国家举办奥运会时，希腊将奥运圣火传给举办国的交接仪式也在这里举行；每年举行的雅典经典马拉松赛，将这里作为终点。帕那辛纳克体育场还有一个特点——**世界上唯一全部用大理石建造的体育场**，据说建造时把雅典附近一座山的大理石都开采完了。

作为首届奥运会主办国，希腊求胜心切，希腊人民满怀期望。可是，希腊运动员表现不佳，比赛开始后，接连失利。12项田径比赛项目，前面11项连一块金牌都没拿到。

马拉松赛是压轴项目，也是希腊最后的希望。17个参赛者中，13个是希腊运动员。比赛那天，雅典万人空巷，民众或者在赛道两边围观，或者在终点帕那辛纳克体育场焦急地等待。然而，一个法国选手一路领先，随后被一个澳大利亚选手反超，坏消息不断传到帕那辛纳克体育场，没有人提得起精神来。

出乎意料的是，在离终点只剩3公里时，那个澳大利亚选手因体力不支退出了比赛，23岁的希腊选手史比利廷·路易斯开始领先。消息传到体育场，群情激昂，全体观众高喊："Hellene! Hellene!"（希腊人！希腊人！）

路易斯半路上曾停下来喝过一杯葡萄酒（多年后，据他的孙子说，他喝的其实不是葡萄酒，而是他未来的岳父特地为他准备的干邑白兰地），同时吃下了女友（后来成了他的妻子）递给他的半个橙子，结果动力大增，说："我胸有成竹！我会夺冠！"

路易斯一步步跑向体育场，夹道加油的民众差点堵到他无法向前。他一进体育场，王储和王子就过来陪跑，三人一起跑过终点线，国王亲自向他祝贺，全场掌声震耳欲聋。**路易斯用2小时58分50秒跑完了40公里，顿时成了希腊的民族英雄**。路易斯夺冠的故事，我多年前就读过，经常想象100多年前他在冲刺马拉松赛最后一段赛程时，他矫健的身影与万人呐喊助威的盛况。

路易斯出生于雅典北郊一个贫困家庭，父亲靠卖饮用水为生，他平时帮父亲运水。赛后，他接受了国王赠送的马车，低调地回归故里，继续干起运水的营生，后来还当过警察。1940年在家乡去世。

2 000多年前菲迪彼德斯到底是怎么从马拉松镇翻山越岭跑到一山之隔的雅典的，无人知晓。头几届奥运会也没有统一马拉松赛的距离。据说，1908年第四届夏季奥运会在伦敦举办时，为了方便英国王室人员观赏马拉松，组委会特意将起跑点设在温莎宫的育儿屋窗口外，这样小王子、小公主们就可以观看了，而终点设在奥林匹克运动场的皇家包厢旁边。经过丈量，起点到终点的距离为26.22英里，折合为42.195公里。

国际田联后来将该距离确定为马拉松赛的标准距离。这个标准从 1924 年在巴黎举办的第八届夏季奥运会开始使用，保持至今。

帕那辛纳克体育场在雅典市区，离我住的酒店不到 500 米。

雅典的 7 月，昼夜温差很大：夜里 20 度左右，午后会上升到 30 多度。一天早上，我没吃早饭，趁着天气还算凉快，大批游客尚未到达，前往帕那辛纳克体育场，等 8 点整体育场一开门就进去。

体育场入口开阔，晨曦中，蓝天白云下，奥运会会旗和希腊国旗迎风飘扬，在场外就可以拍到体育场的全景照。素净典雅的乳白色大理石座位共 37 排，围成一个马蹄形的观众席，场地中间是黑色的环形跑道（见本书彩插图片 71）。

有几个人比我还早一步进场，一进去就开始跑步。我按计划，先参观，后跑步。走进体育场，我看到几块用希腊文刻的石碑，石碑上记载着首届奥运会举办地和历届奥委会的主席。我上到正对入口的看台最高处。阳光照在被磨得发亮的大理石座位上，闪闪发光，一条条平整的石块连接起来，没有座位号，应该可以随便就座。所有座位都没有靠背，只有最前排中间的两个座位例外。我猜，首届奥运会举办时，希腊国王和王后就坐在那里看比赛。

从看台走下来，穿过跑道边的隧道，我进入介绍奥运历史的小博物馆。该博物馆展出了奥运会、马拉松长跑的史料和物品。历届奥运会的火炬各有不同，造型别致。在众多火炬中，我很快就找到 2008 年北京奥运会的宣传海报和祥云火炬（见本书彩插图片 72）。传递奥运圣火的圣火盆也存放在博物馆中（见本书彩插图片 73）。体育场门口的介绍说观众容量少于 6 万人，但一张放大的吉尼斯世界纪录证书记载着：1968 年 4 月 4 日，1967—1968 赛季国际篮联欧洲优胜者杯（FIBA European Cup Winners' Cup）决赛在这里举行，观众人数达 8 万人。那场比赛，雅典队击败了布拉格队。

从博物馆出来，我踏上跑道，开始慢跑（见本书彩插图片 74）。我时跑时停，因为跑步的人很少，偶尔碰面时，大家会互相友好地招手或停下来简短交谈。其中有来自印度、丹麦、波兰等国的长跑爱好者，还有学龄前儿童。来自印度的那位中年汉子，看体型就是长跑好手，带着全家来参观，他的儿子还跟他一起跑了一会儿。我还遇到来自中国的游客，他们分别来自北京、香港和深圳。有一个北京小男孩，大概只有三四岁，在外婆和妈妈的鼓励下，尽情跳跃，还跟我这个"爷爷"一起跑了一二十米，然后停下来，跟我握手说"再见"，不跑了。他可以不跑，但我不能，我得继续往前跑。这时，我碰到华为公司深圳总部的两位员工，我们用华为手机互相帮对方拍了一些照片。

慢慢地，"纯粹"的游人多了起来。有意思的是，他们都兴奋地朝离入口不远的领奖台走去，踏上领奖台"摆姿势、领奖、拍照"，而跑步的人却基本没人去那里过"冠军"瘾。

跑道的平均长度为 400 米，我连跑带走了一共 15 圈。跑完步，已经接近 10 点，气温也上升了，但我非常享受，不觉得饿，也不觉得热，只是喝光了带来的一瓶水。

"善建者不拔，善抱者不脱，子孙以祭祀不辍。"（《道德经》第五十四章）**热爱体育、和平和生命的希腊人民，将奥林匹克运动和马拉松长跑带给了世界。我向计划访问雅典的跑步爱好者们推荐马拉松镇和帕那辛纳克体育场，它们是奥林匹克运动和马拉松长跑的象征。在这两个地方跑步，可以增加对在压力和困难面前奋勇向前、顽强拼搏的体育精神的体悟，还可以参观世界上独一无二的体育博物馆。**

2019 年 8 月 10 日

特别感谢：王浩明，张宁，周志民

3-13　插队 50 周年有感：
谁知盘中餐，粒粒皆辛苦

今天香港多云，气温 20 度左右。在我居住的小区，春草碧如油，月桂吐清香，鸡蛋花树上透出嫩绿的新芽，满目早春景象。

50 年前的今天，1969 年 2 月 1 日，福建沙县县城，天空阴沉，寒风萧萧。只有 16 岁的我，与沙县一中的 13 个同学一起，作为知识青年，去际硋大队插队。在这之前，我仅在沙县一中读过初一，1966 年遇上"文化大革命"，几年没上学，想不到后来要下乡务农。

来接我们的几个农民介绍说，际硋是个小村庄，离城关十公里路，他们将带我们步行去。我们每个人的"家当"都很简单，除了身上穿的，只有棉被和两三套衣服。农民们帮我们用扁担挑着行李，我们则挎着当时流行的红卫兵单肩斜挎包，里面装着《毛主席语录》、毛巾、牙刷等。前一半走的是简易公路，一路上没有见到一辆汽车。过了一座桥以后，后一半走的是一条基本沿溪的山边小路，只遇到几个从对面反向而行的人。小路崎岖起伏，仅部分路段可供自行车骑行。到离际硋近三公里时，看到一个叫张坑湾的村庄。农民们说，这个村庄比际硋小，而过了际硋，到下一个村庄大概有五公里之远。大冷天，走了大约两个钟头，终于到了际硋。我心里想，这里真偏僻啊！

去插队就必须下田干活，挣工分。"干活"是"'干'了事，才能'活'"。工分是农民劳动一天获得的工值。样样农活都拎得起的"全劳力"，一天能挣 10 个工分。几个月后，我所在的生产小队给知青评工分时，我与几个男知青被评了 5 分（或是 5.5 分，已记不清了），原因是我们才学干农活，加上被认为态度有问题，结果比同去插队的一些女知青的评分还低。她们的体力似乎不如我，但我被认为不如她们，因此觉得痛苦，却也知道不能找借口，而要磨炼心智。到了年底，生产小队按照工分总数分粮和分红。虽然我挣的工分不多，但好歹分到了粮食和几十块钱，可以养活自己了。

就这样，我懵懵懂懂，跌跌撞撞，摸索前行。渐渐地，大多数与我一起插队的同学陆续被选送走了，要么回城去工作，要么去读书。我羡慕他们。我母亲的一本《毛主席语录》不慎落入厕所,她被批斗后自杀。因此,尽管我的表现一直在进步,但还是走不了。我感觉空虚,可是**学会了吃苦**,也培养起了责任心,慢慢地明白了一个硬道理:**谁知盘中餐,粒粒皆辛苦**。

1974 年年底,我已经 22 岁,终于被"上调"到三明地区建筑公司当木工学徒。

先经风雨,后见彩虹。漫长的插队岁月已成历史。今天跟人讲起这段经历,一幕幕仍在眼前。对于我当年吃过的苦,大家的反应基本可以按年龄段区分:

同辈人大都有类似的刻骨铭心的经历,认为有了当年的磨砺垫底,后来不管遇到什么考验,都应付得了。

年纪稍轻一些的认为,"我们虽然没有体力上的辛劳,但也有这个时代的烦恼"。

而几个深圳大学的本科生则说:"别说 16 岁,就算 20 岁,估计也很难承受那代人当时的艰辛。"对于他们来说,大多不用考虑生计问题,他们想的是怎么实现个人理想。一个学生说:"只有肯'干',才能'活'好!"

时代变了,但人生道理自古如此。

年少时吃点苦,经历摸爬滚打,学会以平常心面对挫折,自食其力,不是坏事。今天的我,**不想埋怨,希望无愧,心怀感恩**。只能年轻一回,世界早已改变了我,插队岁月也离我越来越远。沧海一粟,"**知足之足,常足矣**"(《道德经》第四十六章)。

2019 年 2 月 1 日

特别感谢:周海滨、柯弘凯、卢泰宏、杨凯、张新发、刘华珍、郑煦、陈思艺、温辉、潘雪怡、刘青叶、罗文恩、刘军、彭泗清、吉莉、王庆涛、潘海波、侯天雨、林芳文、范雅静

3-14 MBA 毕业 35 周年随想：
战天斗地，顶天立地，欢天喜地

今年是我 MBA 毕业 35 周年。"三十而立，四十不惑。"我问自己，毕业 30 周年时，"而立"了什么？到毕业 40 周年时，希望"不惑"什么？

回答这些问题，要从 1982 年我去美国爱达荷州立大学（Idaho State University）攻读 MBA 学位讲起。当时，中国刚实行改革开放政策不久，我对美国的了解非常少，只知道那是一个实行自由市场经济的国家，企业必须在激烈竞争中求生存与发展。我诚惶诚恐，思想上做了去学"进攻"、去"战天斗地"的准备。

从"战天斗地"到"顶天立地"。到了美国，一上课，我才发现学习的重点竟然不是如何"击""败"或"战""胜"竞争对手，而是如何更好地"吸""引"与"赢""得"客户的心。**客户的需求被满足得越好，企业就越容易成功！**

为了满足客户需求，企业应当充分了解"3C"（Company，企业；Customer，客户；Competitor，竞争者）。了解竞争者，不是为了将对方"打败"，而是为了差异化地满足客户需求。如果能够赢得客户"偏爱"，企业有可能"无敌"一段时间。为了创造更持久的竞争优势，企业需要更"高+明"地满足客户需求，从而比竞争对手更具优势。因此，**想要在市场竞争中获得"胜利"，就要了解客户，改变自己，而不是老想着"打败"竞争者。**"高+明"不靠"进攻"而靠"进取"，不靠**战天斗地**，而靠满足客户需求，做到"顶天立地"！

天行健，君子以自强不息。后来，我教 MBA 与 EMBA 课程，讲 3C 互动时，强调"顾客第一"，而不"鼓+吹""竞争第一"；讲"竞合"——"竞争 + 合作"——就是中庸之道（为主）+ 斗争哲学（为辅）的管理哲学。"胜"来自对客户与竞争者的"知彼"。按《孙子兵法·谋攻篇》的说法，"**知彼知己，百战不殆**"。

"中庸"是中国人的心性，追求阴阳平衡，**竞争与合作，一阴一阳，阴中有阳，阳中有阴**。我在北美任教时，讲中庸也没有被学生"挑战"过。我一上课，就先解释为什么"竞合"比"竞争"重要——"友谊第一，比赛第二"。对顾客要争取建立与保持长期"友谊"，对"对手"只能进行短期"比赛"，长远也是"友谊第一"。**商场"要钱"，人生"要命"，多交友，少交恶，才可能活得好，活得久。**做人如是，做企业、做品牌亦然。

从"顶天立地"到"欢天喜地"。《孙子兵法·谋攻篇》还说:"**百战百胜,非善之善者也;不战而屈人之兵,善之善者也。**""不战而胜"是最高明的"胜"。作为营销学教授,从"本位"出发,我用 **M**arketing(做营销)、**B**randing(创品牌)、**A**spiration(立大志)来向学生们诠释什么是 MBA:展示才能,营销自己;发奋上进,创造品牌;造福世界,"止于至善"。这是个"人往高处走"的三部曲,从"地"到"人"到"天",问自己三个问题:(1)**如何(成功地)营销自己?**(2)**如何创造(卓越的)品牌?**(3)**如何成就(圆满的)人生?**营销、创造、成就是实践,"成功""卓越""圆满"是"希望",所以放在括号里。讲课时,我用一张图来表示这种**从优秀到卓越再到超越**的追求,前提是对得起天理良心。而从"地"到"人"到"天",分别代表从"有为"到"有所为/有所不为"到"无为而无不为",类似法家、儒家、道家。

Aspiration　人生 / 欢天喜地 / 道家 / 要"命"
Branding　　品牌 / 顶天立地 / 儒家
Marketing　　营销 / 战天斗地 / 法家 / 要"钱"

3. 如何成就(圆满的)人生?　无为 / 顺 / 地球　　天
2. 如何创造(卓越的)品牌?　有所为 / 有所不为　　人
1. 如何(成功地)营销自己?　有为 / 利 / 人类　　地

回到开篇提到的问题:MBA 毕业 30 周年时,我"立"了什么?或许更多的是"**道生一,一生二,二生三,三生万物**"(《道德经》第四十二章),与"生""利"有关,关注人与人之间的关系,力求共创、共享、共赢,对社会与人类世界有担当。现在,我在向 MBA 毕业"四十不惑"迈进,希望到那时"不惑"什么?我想是"**人法地,地法天,天法道,道法自然**"(《道德经》第二十五章),更多地与"法""顺"有关,关注人与自然的关系,爱护地球母亲与宇宙。我们希望"一切顺利",因此必须先"顺"后"利",才可能"不战"而"胜"(其实是"不败")。"顺"从地球,保绿水青山,得白云蓝天,实现可持续发展,**才有"利"可图**,才有长久的幸福生活。

MBA,在商言商?我"而立"了吗?能"不惑"吗?怎样才能做到"欢天喜地"呢?应该是:**用"无"("无为")的原则指导"为"("有为")。追求"商""业"(生计)的"钱",还要保住自己与家人以及世人"人""生"的"命"(生命)**。这是更重要的话题,在他处探讨。

仍有理想,还在思考,也在行动!

2019 年 5 月 28 日

特别感谢:崔海浪

3-15　MBA 毕业 35 周年纪念：
溯游千里回乡的鲑鱼

我在美国小城波卡特洛（Pocatello）的爱达荷州立大学读 MBA 期间，1982 年秋季的一个周末，看到了斯内克河（Snake River）里洄游的鲑鱼（Salmon，也就是人们常说的三文鱼）。它们逆流而行，一级一级地跳越专为它们修建的"鱼梯"（阶梯状水道），场面壮观。

鲑鱼诞生于爱达荷州中部锯齿山脉（Sawtooth Mountains）中阳光充沛、水流平缓的溪流。它们年幼时，就强烈地渴望"离家出走"，于是成群结队，顺流而下，经过斯内克河的主流哥伦比亚河（Columbia River），进入西太平洋。以往从出发到入海，它们有些只需 8 天左右，而现在由于途中的水坝降低了水的流速，也减慢了它们前进的速度，因此到达目的地已经是几个月之后了。

入海之初，为安全起见，它们在浅海群居。当它们能独立生活了，便各自游进深海捕食。数年以后，鲑鱼们成群结队地踏上归程，逆游长达 1 000 公里。历经千难万险，有些鲑鱼力竭而亡，有些成了其他鱼类或动物的美食，仅有少数存活了下来。那些回到家乡的幸运者，一旦抵达，便不顾疲劳，成双成对地在水底挖坑、产卵。鱼卵受精后，雌雄鲑鱼便死亡，完结它们"出走"又"返乡"的一生。

1984 年 5 月，我获得 MBA 学位（见本书彩插图片 75），离开母校，再也没有见过洄游的爱达荷鲑鱼。

35 年过去，我已叶落归根，现在深圳大学任教（见本书彩插图片 76）。最近，回想起那段学习经历，鲑鱼溯游而上的场景忽然浮现在眼前。**我与鲑鱼，表面上天差地别，但在生命历程上何其相似！**

年幼的鲑鱼"顺流而下"奔向大海时，不用辨别方向也可以到达目的地。它们离家的动力来自何处？沧海茫茫，成年的鲑鱼"逆流而上"返回家乡，又是如何找到方向与路径的呢？莫非它们年幼下海时，已经发誓他日返乡"传宗接代"，因而将"所见所闻"牢记心间，即使时过"景"迁，依然可以准确找到回故乡的路？

鲑鱼洄游应该是它们在漫长进化过程中形成的一种"趋吉避凶"的本能。故乡"情""结"潜藏在它们的基因里，到了繁殖期，被不知不觉地激活，于是它们自动避开危机四伏的大海，返回安全温暖的诞生"福地"繁衍后代。

37 年前，1982 年 6 月，30 岁的我远渡重洋，去往美国留学；后来"弃""海"而"回""归"生我养我的祖国。**在海外多年，深藏在灵魂深处的民族情怀从未淡忘，逐渐引导我在历尽千帆后返回起航点**。回顾这三十余年的历程，我忽然对遥远的大洋彼岸曾有过一面之缘的鲑鱼，产生了一种知音之感。

在汉语中，鲑鱼的"鲑"跟"归"谐音，"鲑鱼"即"归鱼"，难道它们有着人类般叶落"归"根的使命感，以实现素未谋面的父母的遗愿？如果是，它们的父母在冥冥之中的召唤或指令又是如何代代相传的呢？

于我而言，在漫长的留学过程中，召唤我的，除了常常浮现于脑海中的故乡记忆，还有一首首来自祖国的歌曲。每当旋律响起，就有一股神秘的力量，令我或热血沸腾或淡定从容，明确了返航的方向。这里以几首歌曲为例：

《我的祖国》（乔羽作词，刘炽作曲，郭兰英原唱，出自1956年的电影《上甘岭》）　这是我的启蒙歌曲之一。歌声响起，眼前仿佛一幅美丽的画卷徐徐展开："一条大河波浪宽，风吹稻花香两岸，我家就在岸上住，听惯了艄公的号子，看惯了船上的白帆。这是美丽的祖国，是我生长的地方，在这片辽阔的土地上，到处都有明媚的风光。"它赋予了我年少时对生命的许多憧憬，我听着、唱着它长大。在天涯海角的日子，只要想起这首歌，就似在梦中，故乡将我拥入怀中，每多听、多唱一遍，对祖国的爱就更深一分。后来，许多人翻唱过这首歌曲，但在我心里，只有跟着郭兰英的原唱，自己或哼或唱，才能体会出那个时代的"味道"。

《我爱你，中国》（瞿琮作词，郑秋枫作曲，叶佩英原唱，出自1979年的电影《海外赤子》）　这首歌曲将祖国的大好河山与美好品格描绘得淋漓尽致，末句"我的母亲，我的祖国"将海外游子对祖国的满腔深情推向了高潮。这首歌正好在我出国前开始流行。1982年秋季学期，在爱达荷州立大学，我参加学校的才艺表演比赛，演唱了这首歌。大部分听众和评委都不懂中文，但在我介绍完歌曲的内容后，大家都鼓掌喝彩。我猜，他们被感动了！凭着对这首歌曲的演绎，我获得了第二名的好成绩。

《我的中国心》（黄沾作词，王福龄作曲，1984年央视春晚由张明敏演唱）　这首歌是我在国外心境的一种写照。"洋装虽然穿在身，我心依然是中国心。我的祖先早已把我的一切烙上中国印。长江，长城，黄山，黄河，在我心中重千斤，无论何时，无论何地，心中一样亲。"1984年5月，我获得MBA学位，回国探亲，第一次听到这首歌，便被深深地打动。还有哪首歌能比它更好地表达我对祖国的热爱呢？

《故乡的云》（小轩作词，谭健常作曲，原唱者文章，1987年央视春晚由费翔翻唱）　我在美国看1987年央视春晚录像时听到这首歌，后来经常在各种场合演唱。2008年JMS中国营销科学学术年会暨博士生论坛在西安交通大学举行，我应大会主席刘益教授邀请做主题演讲，开场就唱了这几句：

> 天边飘过故乡的云，它不停地向我召唤
> 当身边的微风轻轻吹起，有个声音在对我呼唤
> 归来吧，归来哟，浪迹天涯的游子，
> 归来吧，归来哟，别再四处漂泊！

台下反应热烈，我也落下了眼泪。那一刻，我似乎懂得，跨越千山万水溯游回乡的鲑鱼，"夫物芸芸，各复归其根"（《道德经》第十六章），是领受了怎样的一种召唤。

我年轻时充满对世界的好奇，选择去游历，"不惑"时不忘使命，回归到梦开始的地方。**感恩美国，我接受正规高等教育的地方；感恩中国，我永远的家园。**你说，我跟鲑鱼是否有相似之处呢？

以上，作为我MBA毕业35周年的一个小小的纪念吧！

2019年5月8日

特别感谢：薛健平

3-16　EMBA 教学思考：
"眼见他起高楼,眼见他宴宾客,眼见他楼塌了！"

EMBA 学生对授课教师的期望很高。

我经常一开课就问："你们读 EMBA，'E'是什么意思？"大家"面面相觑"，"胆大"的会开口说："'E'不是'高级管理人员'吗？老师怎么明知故问？"我大声地、一板一眼地说："Expensive，昂贵！"

"我为什么这么说呢？EMBA 跟 MBA 仅一个字母之差，但失之'毫厘'，谬以'千里'：学费相差数十万元！"我说话时"表情严肃"，引来同学们一阵大笑。笑归笑，我的确严肃地思考过这个问题。一分钱，一分货。**我该教什么、怎么教，才能让学生觉得"货真价实""物有所值"呢？**

关于学生，有些学校 EMBA 项目的宣传语说："千秋邈矣独留我，百战归来再读书。"这是清朝名臣曾国藩写给其弟曾国荃的一副对联，希望他在连年征战之后静下心来，**读些书，修身养性**。"独留"的"我"是"身经百战""刀枪不入"呢，还是"遍体鳞伤""奄奄一息"呢？**学生们介绍他们的经历时，都希望 EMBA 学习可以帮他们"解"一些事业与人生之"惑"，增一些"自知之明"。**

有些学校的 EMBA 项目将自己定位为"商界黄埔军校"。这么说，教师是"教官"？学生都是公司高管或企业主，天天面对瞬息万变的市场，"冲锋陷阵""摸爬滚打"，有切肤之痛，也有切身心得。而大多数教师长期"躲"在"象牙塔"里，"隔岸观火""纸上谈兵"。人们常说，高校重学术研究，**教师们擅长谈理论"前沿"，却经常跟不上行业变革的步伐，看不懂"战场"上的"风起云涌"**。"秀才遇到兵，有理说不清。"如何讲课，才能"理直气壮"，不陷入"隔靴搔痒""不痛不痒"的困境？

EMBA 学生与教师有共同点，那就是"老"："老总"对"老师"。老总：实践一脚深，理论一脚浅；老师：理论一脚深，实践一脚浅。课堂是互相学习的场所或平台，1+1>2，实践+理论＝思想？

思想不等于前沿。前沿只有一个方向，顶多能"瞻前""顾后"；而思想是一种哲思的高度和境界，涵盖上下左右、四面八方。办企业，如同在前沿种树，希望可以与后来的众人一起乘凉。吃苦在前，享受在后。**企业之路，如何才能"稳""妥"？**

"君子喻于义，小人喻于利。"（《论语·里仁》）君子"上达"，不断进德修业以成圣成贤；小人"下达"，不断营谋私利而近于禽兽。据说，曾国藩的老师唐鉴曾送一副亲笔条幅给他："不为圣贤，则为禽兽。只问耕耘，不问收获。"义与利、圣贤与禽兽、正道与邪道、天堂与地狱的分界点是良心。利益（"要钱"）是一日之长短，道义（"要命"）是企业长青之根本。**要对得起天地，对得起国法良心。**除了"瞻前"，还要瞻高和瞻远；当然也要"顾后"，不仅对得起老祖宗，也给自己、子孙留条后路。**利欲熏心，丧尽天良，坑蒙拐骗，天必诛之。**

对得起天地，企业之路才"稳""妥"

下面介绍一个我在课上对学生（包括EMBA学生）讲了多年的案例：

1995年，有长达232年历史的英国老牌投资银行巴林银行（Barings Bank）倒闭，其以1英镑的象征性价格被荷兰ING集团收购。搞垮银行的是该行新加坡分行期货交易员、年仅28岁的尼克·里森（Nick Leeson）。里森的交易业务曾赚进1 000万美元，占银行全部利润的10%。里森身兼本应由两个不同工作人员承担的职责，同时负责交易和结算，这给他伪造买卖记录、隐瞒亏损创造了机会，最终银行累积了高达13亿美元的损失，相当于其资本额的两倍。

里森在办公桌上留下一张手写的"我抱歉"的便条后便出逃了，后来在德国被捕，被引渡回新加坡，最终因欺瞒交易风险及损失程度而被起诉，判刑六年半。他在服刑期间曾尝试自杀，还与妻子离了婚。1999年，他被释放。记者采访他时，他说希望人们以他为戒。

里森的上司同样财迷心窍、贪得无厌，此人对里森的所作所为视而不见，只关心自己能够分红多少，以及如何以业绩巩固与提升自己在银行的地位。如果不是他管理失当，里森或许无机可乘，巴林银行或许不致破产。两人臭味相投，狼狈为奸，同流合污，以为他们干的坏事只有"你知我知"。然而，纸包不住火，只要自己"心知"，就是"天知地知"。"谋财害命"者，谋的是谁的钱，害的是谁的命？

上天"**欲让其灭亡，必先使其疯狂**"，他会被自己搬起的石头砸到脚，钱再多，名气再大，后台再硬，一切顷刻间土崩瓦解。这就是老子说的"**将欲废之，必固兴之；将欲取之，必固与之。是谓微明**"（《道德经》第三十六章）。

改革开放近四十年，许多学生所在的企业成长壮大。应当怎样种"参天大树"，直至可"乘凉"，而不是从"闹剧"到"悲剧"？

无论何时，最大的风险都是道德风险！君子爱财，取之有道；企业之道，在乎一心；一心之中，良心为先！

清代诗人彭端淑的诗作《为学一首示子侄》中有这么两句："**天下事有难易乎？为之，则难者亦易矣；不为，则易者亦难矣。**"

防止坏人，勿用坏人，从自己不存坏心开始。否则，就会出现清代文学家孔尚任创作的剧本《桃花扇》里说的："眼见他起高楼，眼见他宴宾客，眼见他楼塌了！"

2016年8月25日

3-17 写文章，做学问，出思想

我住的小区，离香港中文大学本部不远。这两年，我有时趁周末校园人少，从家里沿着大埔公路慢跑 20 分钟经崇基学院校门进校，走走看看。几乎每一次，都想起曾在那里任教的前辈历史学家严耕望先生。严先生对于治学具有深刻的见解，我不仅将他的思想用于指导自身，还经常与同事和学生共勉。

严耕望（1916—1996），安徽省桐城县人，历史学家，1941 年毕业于国立武汉大学历史系，曾任香港中文大学教授、香港中文大学中国文化研究所高级研究员，1978 年当选台湾"中央研究院"院士。他治学严谨，说要"**看人人所能看得到的书，说人人所未说过的话**"。

我从未见过严先生，也没有读过他的历史研究著作，仅从他的《治史三书》（沈阳：辽宁教育出版社，1998 年）中了解到他的治学理念与做法。"三书"中，一本叫《治史经验谈》，审订时间是 1980 年，那年他 64 岁。2012 年，我初读先生的这本书，时年 60 岁。在该书的《论题选择》一文中，先生将一个人的学术生涯分为三个"时代"（"阶段"）："[一个学者的]**青年时代，应做小问题，但要小题大做；中年时代，要做大问题，并且要大题大做；老年时代，应做大问题，但不得已可大题小做。**"这三个"时代"各有什么特点，为什么"题"的"做"法有"大"有"小"？严先生自有解释，我也有所体会。

类比先生的说法，我将自己的学术生涯分为"**写文章，做学问，出思想**"三个阶段：第一个阶段从 30 岁开始读硕士算起，35 岁获得博士学位，算到 45 岁左右；第二个阶段大约是 46 岁到 55 岁，其间在香港城市大学任教；56 岁至今算第三个阶段，其中，56 岁至 65 岁在香港城市大学任教，65 岁从香港城市大学退休，后加入深圳大学。

为什么青年阶段要小题大做？先生解释说："学力尚浅，但精力充沛，小问题牵涉的范围较小，易控制，不出大毛病，但也要全副精神去大做特做。这样可以磨炼深入研究的方法，养成深入研究的工作精神，为将来大展宏图做准备。若走上来就做大问题，大问题要写成长篇大论并不难，但要精彩则极难。自己学力未充时就做大问题，结果往往大而无当，并无实际成就，久而久之，习以为常，终至永远浮薄，不入门径！"（严耕望，《治史经验谈》，第 54 页）

我读硕士与博士时，"精力充沛"，虽初生牛犊不怕虎，但在许多方面力不从心，"**有想法，无办法**"。于是，我老老实实跟在老师后面，"全副精神去大做特做"；读完博士，"翅膀硬了"，开始尝试"两条腿走路"，独立做研究，同时继续与老师合作，**发表了几篇质量较高的论文**。后来，我经常对学生们说，**饭要一口口吃，路要一步步走**。求学阶段，"依靠"与"借力"老师，做些"抓得住头，收得了尾"的、"小而美"的研究，比较实际。不图惊世骇俗，避免好高骛远，切勿"浮薄"，而是通过渐修，慢慢进步。

为什么中年阶段要大题大做？先生解释说："见闻已博，学力渐深，或可说已入成熟阶段，而精神体力也正健旺未衰；换言之，已有做大问题的基本素养，又有大规模辛勤工作的体力与精神，这是一位学人的黄金时代，所以他可选择重大问题，做大规模的深入的研究工作，到达既博大又精深的境界，为学术界提出他可能做的最大贡献。"（严耕望，《治史经验谈》，第 54 页）

　　先生说得在理，可是我当年没有抓紧。1997 年，我 45 岁，作为项目负责人获得了香港研究资助局的一个 50 多万港币的基金项目，研究中国消费者行为与市场营销，收集了来自 9 个城市（按经济发展程度分为 3 类，每类各 3 个）、180 家企业（每个城市 20 家）的 3 960 个职工（每家企业 22 个，包括 1 个营销管理人员、1 个人力资源管理人员、10 个基层管理人员、10 个基层职工）的数据，可以说是一个有代表性的数据库。正好那年年中，我开始主持年初才建立的香港城市大学市场营销学系的工作。万事开头难，我将主要精力放在系里的工作上，1998 年与 1999 年连续两年没有文章见刊。与其将收集来的数据束之高阁，不如分享出去。校内外都有同事将这批数据用于合作研究并发表论文，这些论文，我或者做次要作者署名或者不署名。直至近年，仍有同事用这批数据做研究。2019 年 3 月，*Journal of International Business Studies* 纪念创刊 50 周年，我被授予作者贡献银奖，是为数不多的获奖华人学者之一。该奖的获奖条件是必须在该刊上发表过五篇或以上的论文。我发表的这些论文中有些使用的就是该基金项目的数据。我感谢当年的研究和作者，觉得**自己离先生说的"为学术界提出他可能做的最大贡献"差得很远**。

　　为什么老年阶段可以大题小做？先生解释说："学识已达最高阶段，但体力精神却渐衰退，很难支持大规模而且精密的繁重工作，所以只能小规模地做工作，写札记式的论文，最为切当。因为他学力深厚，不妨就各种大小问题提出他个人的看法，是否有当也不必认真提出实证。我常常奉劝老年学人，不必写繁重的研究性论文，只作语录式的笔记，最为轻松，而可把他一生数十年中对于各种问题的想法写出来，留待将来研究者作参考，纵不能代为作进一步证明，也或许有启发作用。薪火相传，成功不必在己！"（严耕望，《治史经验谈》，第 54 页）

　　从大约 56 岁开始，尽管没有在学术论文止步，但我在学术论文的发表上逐渐"减产"。多年的系行政工作与 EMBA 教学，使我转向思考中国文化与哲学问题。我在 60 岁时读到先生 64 岁时的上述见解，发觉寥寥数语却字字见骨，于是将他说的挂在嘴边，并身体力行。我的确"体力精神却渐衰退"，因此做了一些先生说的"就各种大小问题提出他个人的看法"与"把他一生数十年中对于各种问题的想法写出来，留待将来研究者作参考"。我经常到内地的大学演讲，并指导了大量来自内地的博士生，近年还参与营销武工队举办的年度"论道"学术研讨会和"智回母校——营销武工队珞珈山学术论坛"。"代表作"应该是 2011 年在《营销管理学报》上发表的回顾文章《**三十年营销学旅反思："自胜者强，知足者富"?**》和 2017 年在《管理学报》上发表的前瞻性文章《**一年土，二年洋，三年回头认爹娘**》。另外，迈入花甲之年至今，已出版了 4 本书（3 本独著，1 本主编）。营销学界有些同仁认为，这几本书中，有些地方体现了扎根于中国文化的一种品牌阴阳思想。

　　按孔子的说法，60 岁叫"耳顺"，我对严先生的见解颇有共鸣，仍在躬行。

　　老子说："**终不自为大，故能成其大。**"（《道德经》第三十四章）这句话，用在这里，我理解为"老年大题小做，反而更有贡献"。年龄与我相近的学者，可能也有相似的理解。

　　人生不可一日无书，我要继续用功。

2019 年 6 月 9 日

　　特别感谢：谢亭亭

3-18　大时代，小故事

我已于 2017 年 6 月从香港城市大学退休，但几天前我专程去那里，送新书《学问人生——〈道德经〉的启示》给何舟教授。到何老师的办公室一坐下，我俩就自然而然地聊起这 40 年间的经历，因为当天庆祝改革开放 40 周年大会恰好在北京召开。

40 年前的那一天，1978 年 12 月 18 日，是中国现代史上具有深远意义的一个转折点。中国共产党第十一届三中全会召开，会议做出把党和国家的工作重心转移到经济建设上来、实行改革开放的历史性决策。**感恩邓小平**，我和何老师都是改革开放的受益者及参与者。

我们同为 1978 年毕业的工农兵大学生，后来去美国留学，多年以后加入香港城市大学，成为同事。我们之间最有意义的合作，是十年前代表各自的学系（市场营销学系和媒体与传播学系）商定合办一个整合营销传播文学硕士点（Master of Arts in Integrated Marketing Communication），并将其落脚在何老师的系里。这个专业现在已经在海内外有一定的知名度。我们每次碰面，总有共同的话题。

1984 年 2 月 8 日至 2 月 19 日，第 14 届冬季奥运会在南斯拉夫的萨拉热窝举行。何老师作为新华社对外部的英文记者，前往萨拉热窝执行报道任务（见本书彩插图片 77）。这是冬季奥运会第一次由社会主义国家举办，主办国对中国代表团很热情。但由于中国同外部世界的接触很有限，组委会对中国缺乏了解。何老师说："一到开幕式场馆，我们就注意到，应该挂五星红旗的地方却挂着青天白日旗。中国代表团指出问题后，组委会马上道歉，派人将旗换掉。"

在奥运会新闻中心，何老师看到一位长着亚洲面孔的同行，于是主动上前用英文打招呼。没想到，对方是来自台北的记者。当他知道何老师是来自新华社的记者时，他们二人都有点尴尬，各自转头走开了。何老师马上向在场的领导报告。领导说："这是'偶遇'，没有问题，不要有意联系就是了。"

中国队有 37 名选手参加了速度滑冰、花样滑冰、越野滑雪、高山滑雪、现代冬季两项等 5 个项目的比赛。何老师说："**就像改革开放需要一步步来，我们在奥运路上也不是'一举'就'成名'**。我们的选手几乎全部是来自吉林长春的业余运动员，没有接受过国际水平的专业训练。当时全中国只有北京体育馆有室内溜冰场。中国队在这一届冬季奥运会上，一块奖牌都没有拿到。"真是"**千里之行，始于足下**"（《道德经》第六十四章）。中华人民共和国得到国际奥委会承认后，从 1980 年参加美国普莱西德湖第 13 届冬季奥运会开始，直到 1992 年法国阿尔贝维尔第 16 届冬季奥运会，才首次进入奖牌榜。

新华社只派了 4 名记者和 1 个报务员报道萨拉热窝冬季奥运会。那十来天，每个记者都身兼数职，夜以继日。何老师不光写中英文新闻稿，还兼顾摄影，经常顾不上吃饭。何老师说："南斯拉夫奥运会的志愿者对我们特别友好，给美联社记者发可口可乐，一次只有几罐，但给中国记者发，一次就是一箱。我没时间吃饭，就喝可口可乐充饥。结果，我喝上了瘾。回到北京以后，发现新华社的小卖部卖可口可乐，4 元一罐。我获得硕士学位到新华社工作，虽然工资不低，每月 72 元，但买 4 元一罐的可口可乐喝，还是受不了。怎么办呢？只好自己限购，每月限喝两罐！"

回到北京，喝不起可乐不是何老师遇到的最大问题，宿舍"水漫金山"才让他"焦头烂额"。出国采访的任务顺利完成，他带着成就感回到北京，已经筋疲力尽。回到新华社，一打开宿舍门，发现地面上到处是水，墙壁四周已经发霉，床上还长了个"蘑菇"。虽然何老师与一位同事合住一间宿舍，但同事是北京人，平时住在家里，只有何老师一人住宿舍。楼上水房不知出了什么问题，水漏下来也无人知晓。情急之下，何老师给新华社管后勤的副社长郭超人（后来曾任新华社社长）写信，说自己出国回来，碰到这样的事，"情何以堪"？何老师那年才 30 岁，但已经是骨干记者。新华社住房紧张，很多资历很深的记者都还没分到房，结果却很快给他和家人分了三居室中的一间，与其他两家人合住。何老师说："现在想起来，郭社长是个很有人情味的领导。"

几个月之后，1984 年 7 月，何老师又作为新华社记者前往报道在美国洛杉矶举行的第 23 届夏季奥运会。中国奥委会和中华台北奥委会分别派出了 225 名、67 名运动员参加此次运动会。中国队 27 岁的射击选手许海峰"一鸣惊人"，获男子手枪 60 发慢射冠军，成为该届奥运会第一块金牌获得者，也是中国第一位奥运会金牌获得者。中国女排在决赛中 3：0 击败美国女排获得金牌，实现了继 1981 年女排世界杯和 1982 年女排世锦赛冠军后的"三连冠"。女排的主力队员之一是凭借强劲而精准的扣杀、有"铁榔头"之称的郎平。许海峰与郎平位居庆祝改革开放 40 周年大会表彰的"100 名改革先锋"之列。

洛杉矶奥运会是中国队第一次参加夏季奥运会，也是海峡两岸中华儿女首次在夏季奥运会上相逢。何老师又遇到了台湾记者。这一次，他再也不用担心"偶遇"的问题了。记者们都喜欢关注"第一次"获奖牌的新闻。他说："中国队有很多新闻，中华台北队则很少。台湾记者总是来向我们要新闻。我们也乐意提供。这是海峡两岸新闻界首次有规模地合作和共享新闻。"

1984 年 5 月，我在美国获得 MBA 学位后回国探亲，买了人生中的第一台电视机。洛杉矶奥运会举行时，我们全家围坐在电视机前，为中国队加油。看到许海峰与女排夺冠时，我们都很兴奋，因为他们开启了中国奥运史上的新篇章。我对何老师说："我相信，我那时读过你撰写的报道，也看过你拍的照片。"

提起这些往事，我们都还很兴奋。**当年，我们憧憬中国强大。今天，我们为改革开放 40 周年取得的巨大成就而骄傲。下一个 40 年必将更加美好！**

2018 年 12 月 23 日

特别感谢：何舟

3-19 师生关系之"三老"：
老板，老师，老爷子

今天，我读了一篇关于企业师徒制建设的文章——《从"导师"到"师父"——中国文化背景下的企业师徒制建设》。作者发现，在中国文化背景下，"师父"的职责和角色不同于西方的"导师"。"师"表示"导师"，"父"指代"父亲"。身为师父者，既承担"传道、授业、解惑"的导师职能，也肩负教导徒弟循规、守德的长辈角色。师徒双方形成"长期的关系"。

读完这篇很有见地的"中国企业师徒制"之建设的文章，我立即提起笔来，想写一些关于"中美大学师生关系"之异同的评论。

我在中国出生、长大，从上小学开始，就统称学校的工作人员为"老师"。"教师"是职业称呼，而"老师"是尊称。老师们各司其职，或身兼数职，在课堂内外"教书"与"育人"。他们是辛勤的园丁，浇灌、培育、呵护学生成长。

后来，我去美国读博士，第一次听到有些读工科的中国同学将自己的导师称作"老板"。导师不仅从学术上指导他们，还从课题经费中拨出一部分，作为他们的学习和生活费用；学生协助导师做课题，自己的研究选题也大多来自其中。这种师生关系，首先是学术专业（Professional）关系，不是那种以营利为目的的纯粹商业雇佣关系，但同时也具有一些"老板"与"员工"关系的性质。**他们尊重、依赖导师，自然而然地称导师为"老板"**。他们当中，大多数人说导师善待学生，有人情味，平时嘘寒问暖，逢节假日与学生外出聚餐，重要节日还邀请学生到家里欢庆。当学生自己或家人遇到困难时，有些导师甚至从经济上帮助他们，可以说是一种个人（Personal）关系。

我读商科，院里给我发助研奖学金（Research Fellowship）。导师不必给我经济资助，只是指导我做研究、写论文。我不像工科博士生那样称导师为"老板"。**我的导师理查德·J. 塞尼克（Richard J. Semenik）教授、白乐寿（Russell W. Belk）教授、罗伊·T. 肖（Roy T. Shaw）教授、威廉·L. 摩尔（William L. Moore）教授、加里·M. 格里克谢特（Gary M. Grikscheit）教授、黛布拉·L. 斯卡蒙（Debra L. Scammon）教授、约翰·W. 西博尔特（John W. Seybolt）教授等，对我都是恩重如山的"师父"**。

当然，由于文化差别，整体上看，美国师生之间体现"R型关系"（Relationship），"事"在"人"前，"公事公办"的时候多；而在中国，师生关系更多的是"G型关系"（Guanxi），"人"在"事"前，许多时候"公私兼顾"。相对而言，在美国，学生毕业后，与老师的来往更多的是在"事"的层面，"平起平坐"；而**许多中国学生毕业后，与部分老师的关系从"一日为师"之"缘"发展至"终身为父"之"分"**，保持"人"的层面的来往。

师生关系，最根本的是"学缘"关系。在这个基础上，根据"事"和"人"之间的差异，可以延伸出"事/业缘"与"人/亲缘"关系。因此，如表1所示，师生之间的"缘分"大致可分为三类，每类中，学生对导师的称呼亦有所不同。

表 1　师生之间的"缘分"

缘	业缘 (Professional Relationship)	学缘 (Teacher-Student Relationship)	"亲"缘 (Personal Guanxi)
性质	雇佣	师生	"父子"
称呼	"老板"	"老师"	"师父"

获得博士学位后，我在加拿大与中国香港的大学任教时，也用基金聘请学生做研究助理。由于受到中国传统文化的影响，"**高以下为基**"（《道德经》第三十九章），我从未将自己当作"老板"，也没有将学生当作纯粹的"雇员"，而是把他们作为"课题组成员"。因为我们之间的关系不是商业上的"一手交钱，一手交货"，而是专业上的"互相学习，共同进步"。

随着岁月的流逝，**我与一些学生"情同父子"**，他们称我为"**师父**"。几年前，我早年在香港城市大学与武汉大学指导的几位博士生成了博士生导师或硕士生导师，他们的学生见了我，经常称我为"师公"。在《登山观海：146 位管理学研究者的求索心路》与《学问人生——〈道德经〉的启示》等书的彩色插图中，有我与学生们"师徒三代同堂"的照片，甚至还有白乐寿教授与我、我的学生、我的学生的学生"师徒四代同堂"的照片。

我 60 岁前后，王毅、郭锐、王新刚、周玲、周元元、张琴、童泽林、刘洪深、王峰、冯小亮、张音、张宁、熊小明、牟宇鹏、袁兵、曾宪聚、吴宏宇、刘红阳等联系多的一些学生开始叫我"老爷子"。我是福建人，不熟悉这种叫法，就问他们是什么意思。王毅、王新刚、张宁、曾宪聚、吴宏宇、刘红阳、刘好强、王殿文、金珞欣、余樱、许颖、何泽军、袁靖波、张江乐、陈瑞霞都说："**在我们河南老家，'老爷子'是一种尊称。**"周玲说："**叫周老师生分了，叫'老爷子'亲厚些。**"后来，彭璐珞在《登山观海：146 位管理学研究者的求索心路》中的一篇文章《学问与生命——记老爷子的"游学课"》里，将我"白纸黑字"地称为"老爷子"，并用括号补充说明是"周老师昵称"。文中说，我与学生们"闲话笑谈，更多的是切磋学术、探讨研究"。从那时起，"周老爷子"成了我的"正式"称呼之一。

我喜欢和学生们在一起，"没大没小"。《登山观海：146 位管理学研究者的求索心路》一书中有一张彩色插图，旁边的备注是这样的：

以武汉大学营销专业的博士生为主组成的"营销武工队"（营销·武大·工作队）在长沙举办名为"麓山论道"的学术讨论会，参会的都是大学老师。……"麓山论道"学术讨论会结束后，一行人游学岳麓山，在山间饭馆吃晚餐。大家将四张桌子拼在一起，从最开始时坐着吃，很快变成站着吃，到最后转起来"抢"着吃，似乎重现了白天开会时"剑拔弩张"的场面。

仔细看照片，可以发现，我是"抢"得最"凶"的那一个。

从"老师"到"师父"，再到"老爷子"（"老爷子"这顶帽子看来是拿不下来了），**与学生们保持"长期的关系"，幸福感很强**。这幸福，不在任何一个"老"字上，而在我所中意的"没大没小"，以及其中包含的"不老不少"，那是一种人与人之间永恒的纽带啊！

2018 年 12 月 30 日

主要参考资料：

1. Abby Jingzi Zhou, Émilie Lapointe and Dr. Steven Shijin Zhou, "Understanding mentoring relationships in China: Towards a Confucian model", *Asia Pacific Journal of Management*, June 2019, 36（2），pp. 415-444.

2. 周是今等，《从"导师"到"师父"——中国文化背景下的企业师徒制建设》，宁波诺丁汉大学商学院微信公众号"宁诺商学院"，2018 年 12 月 28 日。

特别感谢：李苗，丰超，吴月燕，王江安，彭璐珞，王毅，王新刚，周玲，周元元，张琴，童泽林，张宁，王殿文，曾宪聚，吴宏宇，刘红阳，刘好强，王殿文，刘洪深，王峰，冯小亮，张音，熊小明，牟宇鹏，袁兵，金珞欣，余樱，许颖，许颖，何泽军，袁靖波，张江乐，陈瑞霞，魏东金，宗彬，段翔明，黄莉，费显政，刘映川，张良波，高华超，鲁劲松，王永贵，薛健平，朱潇璇，孙泽先，杨继刚，张建生，田光成，岳耀顾，李卫东，牟琨，陈建，杨德锋，朱纯深

3-19 附录 "我乐在其中！"

第一次见白乐寿（Russell W. Belk）教授是几年前在上海参加工商人类学的一个会议。周南教授从香港打电话给我，说："如果见到白教授，一定要代我问好。他是我读博士时的老师。"算辈分，我是他曾孙辈的学生了。当我见到白教授，第一感觉是这个曾师公也太酷了吧：精致的格子衬衫、牛仔裤，稀疏的头发在脑后扎成一个细细的马尾，左耳上还有一个耳钉闪闪发光！这哪里是年近七旬、享誉世界的营销学者，分明是一位时尚而前卫的艺术家！老先生和蔼可亲，听说我是他在中国的第三代学生，非常高兴。

近日，受东北财经大学国际商学院孟韬教授的邀请，白教授将访问东北财经大学。得知这一消息后，我倍感惊喜！我随即联系孟教授，提议由我所在的工商管理学院和孟教授所在的国际商学院联合举办白教授的三场讲座。

今天上午，白教授在东北财经大学的第一场学术讲座在工商管理学院举行。我到楼下迎接他。今年已经 73 岁的老教授还是那么酷：在耀眼的阳光下，他戴着一副时尚的墨镜，左耳上的耳钉和扎着马尾的粉红色发带在阳光下格外闪亮。能容纳 60 人左右的会议室挤进了 90 多人，甚至还有学生站在门口听。老先生真是魅力十足！一个多小时的演讲，全程站着，不用麦克风，声音洪亮，思路清晰，思维敏捷。消费文化主题的研究中还融入了受年轻人关注的社交媒体的相关知识。在讲座中，白教授还播放了几个很酷的视频，学生们看后，反应很热烈。

讲座结束后，在去餐厅的路上，我问白教授是否需要帮他背装有笔记本电脑的背包，他表示不用。他背起双肩包、戴上墨镜，就像一位充满活力的背包客，健步向前走去。我非常钦佩白教授在取得那么高的成就之后，在年过七旬之时，还坚守在教学和科研一线，努力工作！他说："I have a lot of fun in it!"（我乐在其中！）白教授年过七旬，每天坚持运动，依然为学生上课，每年在世界各地旅行讲学，对新鲜事物充满了好奇心，在很多国家开展各种有趣的研究。**我相信教学与研究工作已经成为白教授生命的重要部分，构成他生活与生命的意义。**白教授让我看他的右手——由于长期使用电脑，右手的手指已经严重弯曲变形——看得出那些他口中有很多"乐趣"（fun）

的工作背后，一定是艰辛的努力和付出。

突然间我仿佛理解了周南教授身上体现出的类似的精神。周教授退而不休，依然非常享受写作与教学的乐趣。虽然没有听周教授说这样做有很多乐趣，但我相信他也是乐在其中的。周教授更经常提起的是作为一位老师和学者的责任，如果在充满"乐趣"的工作中，更好地承担作为一位学者和老师的责任，这生命该多有质量！

午餐时，我们用微信视频联系了在香港的周南教授（见本书彩插图片78）——

Professor Belk："I learned that you haven't slowed down after you retired."

（白教授："我听说你退而不休。"）

Professor Zhou："Because you still work so hard, I can't slow down."

（周教授："因为你还这么努力地工作，所以我也不能退休。"）

我突然被两位老先生的精神深深地感染和触动。他们对待工作、生活与责任的态度，让他们的工作与生活充满乐趣，让他们的生命充满力量和意义，而我们这些正步入中年的学者，怎么能允许自己懈怠呢？为了自己的生命意义，应该保持努力奋斗的状态！当然，要让更多的乐趣融入教学与科研中来，这样才能"苦中作乐"。

最后，我想我刚才用错了一个词，白教授和周教授可绝不是"老教授"或"老先生"。我仿佛觉得自己也找到了保持年轻的秘诀！

张　闯

2019年5月21日

《道德经》索引*

第一章　1-2

第二章　1-8，1-11，1-13，1-14，1-18，1-20，1-25，2-1，2-2，2-4，2-11，2-17，2-19，3-4，3-9

第三章　2-18

第四章　1-1

第五章　1-7，3-1

第七章　2-23

第九章　3-3

第十一章　1-9

第十四章　3-11

第十六章　1-6，3-15

第二十四章　2-9

第二十五章　3-14

第二十六章　3-7

第二十八章　2-22

第三十三章　1-10，1-17，1-21，2-3，2-5，2-7，2-13

第三十四章　3-17

第三十五章　2-16，2-21

第三十六章　3-16

第三十七章　3-6

第三十九章　3-19

第四十章　3-5

第四十一章　1-22

第四十二章　3-14

第四十四章　2-18

第四十六章　3-13

第五十二章　3-8

第五十四章　3-2，3-12

第五十八章　1-3

第六十三章　1-11，1-15，1-23，2-12

第六十四章　1-4，1-7，1-12，1-19，1-24，2-10，2-14，2-20，3-10，3-18

第六十八章　2-8

第六十九章　1-16，2-6

第七十七章　2-24

第八十一章　1-5

---

* 前面的词条为《道德经》的章节名称，后面为本书中出现该章引文的文章标题序号。

地名索引

德尔菲　2-20，2-21

福建古田　1-1

福建沙县　1-1，3-13

古隆中　2-8

首尔　2-24

鸿沟　2-2

回马坡　2-10

西山龙门　1-2

昆阳　2-17

马拉松镇　3-11，3-12

麦城　2-8，2-9，2-10

蕲春　2-12

邹城　1-18，2-1

南山公园　1-1，1-12，1-14

什邡　2-19

卫城　2-22，2-23

五丈原　2-5，2-7

笔架山　1-1，1-9，1-23，3-2，3-7

星光大道　2-18，3-2

香格里拉　1-1

雅典　2-20，2-21，2-22，2-23，3-10，3-11，3-12

八卦村　2-6

学校名称索引

爱达荷州立大学　3-14，3-15

福州大学　1-1

深圳大学　1-1，1-6，1-7，1-8，1-10，1-11，1-12，1-13，1-14，1-20，1-24，1-25，3-3，3-5，3-8，3-9，3-10，3-13，3-17

香港城市大学　1-1，1-8，1-9，1-17，1-19，1-23，1-25，2-2，3-1，3-2，3-3，3-7，3-8，3-17，3-18，3-19

武汉大学　1-9，1-15，1-16，1-17，1-18，1-19，1-21，1-22，2-4，2-11，3-17，3-19

人名以及其他索引

阿波罗神庙　2-21

白乐寿　1-24，3-8，3-19，3-19 附录

贝聿铭　2-15，2-16

《本草纲目》　2-12

成都武侯祠　2-6

池韵佳　1-9，1-19

传音控股　1-25

崔颢　2-11

丁婉玲　1-6

杜甫　2-19

2018 年 JMS 中国营销科学学术年会暨博士生论坛　1-20，1-21

EMBA　1-24，1-25，2-18，3-1，3-2，3-3，3-14，3-16，3-17

范仲淹　2-11，2-13

放眼世界，立足当地，融入生活　1-24，1-25

冈洁　1-4

歌剧《茶花女》　2-23

关羽　2-7，2-8，2-9，2-10

鲑鱼　3-15

韩亚航空公司　2-24

何舟　3-18

《红楼梦》　2-18

蒋勋　1-25

老爷子　3-19

李白　1-4，2-11

李时珍　2-12

李小龙　2-18，3-6

刘邦　2-2，2-7

刘备　2-5，2-6，2-7，2-8，2-9，2-10

六祖惠能　1-4，1-18，2-3，2-19

教学　1-5，1-6，1-7，1-8，1-9，1-21，2-20，3-16，3-17，3-19 附录

MBA　1-15，1-21，3-3，3-9，3-14，3-15，3-16，3-18

孟母　2-1

孟子　1-18，1-25，2-1

穆斯林　1-5

尼克·里森　3-16

帕特农神庙　2-22

帕那辛纳克体育场　3-11，3-12

庖丁解牛　1-4

跑步　3-1，3-2，3-7，3-8，3-9，3-10，3-11，3-12

认识你自己　2-20，2-21

深圳大学管理学院"阳光跑团"　3-8

史比利廷·路易斯　3-11，3-12

苏格拉底　2-20，2-21

素全法师　2-19

台风"山竹"　1-3

《桃花扇》　3-16

《我爱你，中国》/《我的中国心》/《我的祖国》/

《故乡的云》 3-15

香港中银大厦 2-15，2-16

项羽 2-2

《小白船》 2-14

希罗德·阿提库斯剧场 2-23

雅典娜 2-22

严耕望 3-17

杨汝万 1-5

杨振宁 1-4，1-5

叶问 2-18，3-6

尹克荣 2-14

营销武工队 1-15，1-16，1-17，1-18，1-19，3-17，3-19

曾宪聚 1-6，3-19

张闯 3-19附录

张景云 1-25

中国的世界人 1-10，1-16

中国高等院校市场营销学博士生联合会 1-21

郑和 2-17

哲学 2-16，2-18，2-20，3-1，3-3，3-4，3-5，3-6，3-14，3-17

左宗棠 2-13